Anonymous

Der Bote aus Thüringen

Anonymous

Der Bote aus Thüringen

ISBN/EAN: 9783743448209

Hergestellt in Europa, USA, Kanada, Australien, Japan

Cover: Foto ©ninafisch / pixelio.de

Weitere Bücher finden Sie auf **www.hansebooks.com**

Der Bote aus Thüringen.

1 — 13. Stück.

Januar, Februar, März. 1793.

Schnepfenthal,

Im Verlage der Erziehungsanstalt daselbst; und in Commission bey S. L. Crusius zu Leipzig, der Herrmannischen Buchhandlung zu Frankfurt am Mayn, der Gothaischen Zeitungsexpedition und allen Postämtern.

Um dieses Blat so gemeinnützig, als möglich, zu machen, sind verschiedene Wege eröffnet worden, durch welche es die Freunde der Aufklärung, denen daran gelegen ist, ihre Nebenmenschen vernünftiger, besser und glücklicher zu machen, erhalten können:

Erstlich mit Zeitungsnachrichten verbreiten es
1. Die Zeitungsexpedition in Gotha, so weit ihre Boten gehen. Der Jahrgang kostet 18 gute Groschen.
2. Das Kaiserliche Postamt in Gotha, von welchem es die übrigen Postämter bekommen. Auf ersterm kostet es ebenfalls 18 Gr. Auf den übrigen etwas mehr, nach dem Verhältnisse der Entfernung von dem Expeditionsorte.
3. Die Crusiussische Buchhandlung in Leipzig, von welcher es alle übrigen Buchhandlungen erhalten. Der Preis ist ebenfalls 18 gute Gr.

Zweytens ohne Zeitungsnachrichten ist es zu haben:
1. Wöchentlich auf allen Postämtern, welche es von dem Kaiserlichen Postamte zu Gotha erhalten, wo der Jahrgang 12 gute Gr. kostet.
2. In der Herrmannischen Buchhandlung zu Frankfurt am Mayn, und in der Felseckerischen zu Nürnberg.

Drittens ohne Zeitungsnachrichten, vierteljährig brochirt, das Vierteljahr für vier gute Groschen auf dem Kaiserl. Postamte zu Gotha, von welches es die übrigen Postämter erhalten, wie auch in allen Buchhandlungen. Schnepfenthal, im Jänner, 1793.

Die Erziehungsanstalt allhier.

Anzeige.

Die Herausgabe meiner Arbeit unter dem Titel: **Gymnastik für die Jugend, enthaltend eine praktische Anweisung zu Leibesübungen. — Ein Beytrag zu einer höchstnöthigen Verbesserung der körperlichen Erziehung** leidet nach den bisher mir zugekommenen Aeußerungen des Publikums keinen Zweifel mehr. Allein der anfängliche Mangel an einer bequemen Papiersorte in Basel selbst, und die größern Schwierigkeiten des Transportes wegen der Kriegsunruhen am Rhein, verzögerten den Druck so sehr, daß die Herausgabe zur Ostermesse nun unmöglich fällt. Mir ist dieser Aufschub angenehm, ich gestehe es; ich benutze ihn zur größern Vervollkommnung des Werks, und so wird er zugleich dem Publikum nützlich. Es erscheint Michael, ungefähr 2 Alphabet stark, mit didotschen Schriften, mit 10 von Hrn. Lips meisterlich gezeichneten Kupfern und einigen Rissen, unfehlbar. Die Versendung an die Pränumeranten soll aber im August schon anfangen; die Pränumeration, 2 Rthlr. in Golde, bleibt offen bis Johannistag (Juni 24). Die Gelder können bis dahin **postfrey** an folgende Herren eingesendet werden, welche ich hierdurch zugleich sehr ersuche, die eingelaufenen Gelder und Namen gleich nach obigem Termine einzusenden, damit das Namenverzeichniß der Theilnehmer abgedruckt werden könne.

An Hr. Hofrath Pommeresche in Stralsund.
Hr. Pred. Rudolph in Rekahne.
— Privaterz. Schlimmbach zu Schwarzensee bey Strasburg in der Uckerm.
— Buchdrucker Unger in Berlin.
— Prof. Eck in Leipzig.
— Rect. Starke in Bernburg.
— Pred. Stolterfoht in Lübeck.
— Buchhändler Hammerich in Altona.
— Rect. Piper in Riebnitz im Mecklenburgischen.
Die Abreßkomptoirs in Hamburg und Hannover.
Hr. Pred. Marezoll in Göttingen.
— Hofr. Faust in Bückeburg.
— Cand. Touton in Montjoye.
— Buchhändler Wilh. Fleischer in Frankf. a. M.
— Buchhändler Griesbach in Cassel.
— Pred. Schletz zu Ippesheim.
— Kühnreich, Privaterzieher zu Wetzhausen bey Oberlauringen.
— Cammersekret. Streit zu Breslau.
— Pred. Hartmann in Reval.
— Capellmeister Rose in Mitau.
— Pred. Werth zu Aütz.
— Pred. von Gehren in Copenhagen.
— Cand. Fröhlich in Rundhof bey Schleswig.
— Pred. Cordes zu Zwoll.
— Heinzelmann in Bern.
— Thurneisen in Basel.

Auch kann man sich an die Buchhandlung der hiesigen Anstalt und an mich selbst wenden. Die Pränumeranten erhalten die ersten Kupferabdrücke. Da das Papier seit ein Paar Monathen gestiegen ist, so muß der Ladenpreis auf 2 Rthlr. 16 Gr. erhöhet werden.

Schnepfenthal bey Gotha den 5ten März 1793.

GutsMuths.

Der Bote aus Thüringen.

Schnepfenthal 1793.
Im Verlage der Erziehungsanstalt daselbst,
und in Commission bey S. L. Crusius zu Leipzig, wie auch
in der Felseckerschen Buchhandlung in Nürnberg, der Herrmannschen Buchhandlung in Frankfurt am Mayn, der
Gothaischen Zeitungsexpedition und allen
Postämtern.

Der Bote aus Thüringen.

Erstes Stück.

1793.

Bote. Wirth.

W. Nun Herr Gevatter! zeither hat er mir allemal auf den lieben Neujahrstag das Herz so leicht gemacht, daß es eine Freude war. Alle meine Sorgen und alle mein Kummer waren mir wie weggeblasen, wenn er mir so hübschen Trost ins Herze sprach. Kann er es heute auch?

B. Ehe ich ihm seine Frage beantworte: so wünschte ich, daß er mir auch erst eine Frage beantwortete. Es sind nun fünf Jahre verflossen, seitdem wir hier zusammen kommen und mit einander discuriren. Wie ist es ihm in dieser Zeit gegangen?

W. Gott sey Lob und Dank! recht wohl. Ich bin gesund gewesen, habe gute Nahrung gehabt, habe Freude an meinen Kindern und Kindeskindern gesehen. Wenn der Mensch das alles hat,

hat, was will er sich mehr wünschen? Kam auch bisweilen ein Gräupchen:*) so gieng es doch mit Gottes Hülfe bald vorüber.

B. Das wollte ich nur wissen. Und immer war er doch aufs neue Jahr so betrübt und niedergeschlagen, daß ich Mühe und Noth hatte, ihn zufrieden zu stellen. Der liebe Gott, der bisher geholfen hat, der wird auch ferner helfen.

W. Dießmal sieht es aber doch ein Bischen gar zu krause aus. Wenn er bey mir ist: so erzählt er ja von nichts, als vom Kriege, Kriegsrüstungen, Revolutionen und dergl. Man hört ja gar nichts Gutes mehr. Unter solchen Umständen ists doch einem ehrlichen Manne nicht zu verdenken, wenn es ihm bange ums Herze wird.

B. Lasse er sich nur nicht gar zu bange werden. Dabey bleibts doch, der liebe Gott ist bey alle den Unruhen und Kriegen, wovon wir in den Zeitungen lesen, mit im Spiele und lenkt alles zum Besten. Wo kein Mensch mehr rathen kann, da kann er guten Rath schaffen.

W. Daßelbige ist nun wahr. Ich habe es in meinem Leben gar vielmal erfahren. Wann die Noth am größten war: so war die Hülfe am nächsten.

B. Da

*) eine kleine Widerwärtigkeit.

B. Da sieht er es ja! Wie es nun der liebe Gott im Kleinen hält, so hält er es auch im Grosen. Es mag in der Welt so krause zugehen, wie es immer will, so muß am Ende doch immer etwas Gutes herauskommen. Das ist mein Glaube, bey dem ich mich immer recht wohl befunden habe.

W. Der Glaube ist recht gut. Aber sage er mir nur, wie wir uns bey der itzigen bedenklichen Zeit verhalten sollen?

B. Unsere Schuldigkeit thun, treu und redlich gegen jeden handeln, seine Geschäffte ordentlich und gewissenhaft ausrichten, und das Uebrige dem lieben Gott überlassen, der es, so lange die Welt sieht, immer gut gemacht hat.

W. So mag es denn in Gottes Nahmen dabey bleiben! Aber a propos! wird er mir in diesem Jahre nicht wider etwas erzählen?

B. Gar gerne, wenn er zuhören will.

W. Daß ich zuhören werde, kann er leicht denken. Ich möchte aber gerne einmal etwas lustiges hören. Im vorigen Jahre sprach er immer gar zu ernsthaft.

B Es gilt schon! Da will ich ihm etwas recht lustiges erzählen — die Geschichte der Schildbürger.

W. Der Schildbürger? Nun darauf freue ich mich

mich — da kann ich doch den Nachbaren, wenn sie bey mich zum Biere kommen, ein Bischen die Zeit vertreiben.

B So höre er zu! ich muß aber etwas weit ausholen, und bis in die alten Zeiten zurück, gehen.

Vor alten Zeiten lebte weit, sehr weit von hier ein Volk, das immer böse und schlechte Regenten hatte. Sie dachten Tag und Nacht auf nichts, als wie sie dem armen Volke das Mark aus den Knochen saugen wollten Da wurde ein Zoll, ein Geschoß, eine Accise, eine Kopfsteuer nach der andern erfunden. Der Handel mit Korn, Salz und fast allen Lebensmitteln wurde verpachtet, der Pacht an den Regenten gezahlt und das arme Volk gezwungen den Pachtern für ihre Waaren zu geben, was sie nur verlangten. Und was machte der Regent mit alle diesem Gelde? er kaufte sich Edelgesteine, ließ sich prächtiges Tafel geschirre machen, große Palläste bauen. schaffte sich Kutschen an, davon manche mehr kostete, als alle Häuser in manchem Dorfe; hielt sich Pferde und Hunde. Wann der Landmann ernten wollte: so kam das Wild und fraß ihm das Getreide weg; schoß er nach einem, so wurde er ohne Barmherzigkeit aufgehängt.

Dabey hielt sich der Regent auch viele Maitressen,

sen, die eigentlich das Land regiereten. Hatte
er eine überdrüßig, so verheyrathete er sie, und,
wer sie heyrathete, der wurde geheimer Rath,
Staatsminister, Freyherr, oder so etwas. Wer
hingegen so eine Maitresse beleidigte, dem war
sein Brod gebacken; ehe er es sich versahe, so
saß er in einem schrecklichen Gefängnisse, welches
die Spadille hieß. Kein Hahn krähete darnach. Selten bekam so ein armer Mensch das
Tageslicht wieder zu sehen, es müßte denn eine
andere gute Freundin des Regenten ein gutes
Wort für ihn eingeleget haben.

Diese Wirthschaft dauerte wohl hundert Jahre, und das Volk ließ sich alles gefallen. Am Ende
giengen ihm aber die Augen doch auf. Es fieng
an zu murmeln. Wozu sagte es, entrichten wir
Abgaben? etwa um Maitressen, Pferde und
Jagdhunde zu ernähren? Schlösser zu bauen,
oder Gefängnisse für uns und unsre Kinder?
Nein! deßwegen entrichten wir Abgaben, daß
davon des Landes Beste besorgt werden soll. Das
geschieht aber nicht. Es ist kein Recht, keine
Gerechtigkeit mehr im Lande. Wir müssen uns
also selbst helfen.

Was geschahe? Einige kluge Köpfe versammelten sich, giengen zum Regenten, kündigten
ihm den Gehorsam auf und sagten, sie wollten
sich

ſich ſelber Geſetze geben, und der Regent ſollte nur darauf ſehen, daß ſie ordentlich befolgt würden. Da ihnen das Volk beyſtund: verſprach der Regent, er wolle in allen Stücken nachgeben. Man trauete ihm aber nicht, man glaubte, er ſpiele heimlich Cabalen. Dadurch wurde das Volk erbittert, und ſetzte ihn gar ab.

Nun war Freude in allen Ecken; man pflanzte Freyheitsbäume, tanzte drum herum, und ſang: **Luſtig ſind wir lieben Brüder!**

Nun lag nicht weit von dieſem Lande ein anderes, wo ein gewaltig guter Fürſt regierete, der auf nichts mehr dachte, als wie er die Ruhe und Sicherheit im Lande erhalten, jedem zu ſeinem Rechte helfen, alles Gute befördern, ſumma ſummarum, ſein Volk recht glücklich machen wollte.

Wann nun ſein Volk die Zeitungen bekam, und von den groſen Unruhen las, die bey den Nachbaren vorfielen: ſo ſchüttelte es die Köpfe, und ſagte: Gott ſey Lob und Dank! daß wir unter einer Regierung leben, wo ſolche Unruhen nicht nöthig ſind.

Alle dachten aber doch nicht ſo. Unter andern war da ein unruhiger Kopf: Hans Rübezahl, der war der Meynung: beſſer wäre beſſer, ſie wären freye Leute, wozu ſie nöthig hätten, ſich Geſetze geben und Abgaben aufbürden zu laſſen?

Da

Da einmal viele Bürger an einer Hochzeit beysammen waren: so trug er seine Meynung ganz laut vor. Die andern lachten ihn aus, und sagten: Rübezahl du rappelst.*) Wie kann denn Ordnung im Lande seyn, ohne Gesetze? Wie kann denn Gehorsam gegen die Gesetze erhalten werden, wenn nicht ein Mann von Ansehen darüber wacht? wie kann denn des Landes Beste besorgt werden ohne Geld? und wer soll denn das Geld anders geben, als das Volk, das im Lande lebt?

Rübezahl lachte aber, und sagte: das versteht ihr nicht.

So gieng die Sache etliche Wochen hin, man lachte über Rübezahlen und Rübezahl lachte über die andern.

Nach und nach bekam Rübezahl aber doch einen Anhang, der immer stärker wurde, und von nichts, als Freyheit, sprach. Da nun einmal der Regent die Abgaben einfordern ließ: so sagten diese Leute: wir geben nichts, und da man mit Execution drohete: so sagten sie: den ersten Exequier, der über ihre Thürschwelle käme, den wollten sie todt schlagen.

Das

*) bist nicht klug.

Das ging immer weiter, und es war sehr wahrscheinlich, daß es zu einem öffentlichen Aufstande kommen würde.

(Die Fortsetzung folgt.)

Den zwey Ungenannten, die sich bey uns erkundiget haben, ob auf die Bechsteinsche Naturgeschichte, auf welche die Erziehungsanstalt zu Schnepfenthal Pränumeration annahm, noch 8 gr. müßten nachgezahlet werden? dient zur freundlichen Antwort, daß das allerdings nöthig ist: weil das Buch ungleich stärker geworden ist, als es hat werden sollen. Herr Crusius in Leipzig erhält eigentlich die Zahlung aber nicht wir, welche wir aus unserm Beutel bezahlen müßten, wenn sie nicht eingeschickt würde. Es werden also alle Herren Pränumeranten, die den Nachtrag noch nicht eingeschickt haben, gebeten, es doch bald zu thun.

Die Erziehungsanstalt zu Schnepfenthal.

Der Bote aus Thüringen.

Zweytes Stück.

1793.

Fortsetzung von der Geschichte der Schildbürger.

Der Regent betrübte sich, ließ das Volk zusammen kommen, und hielt folgende Rede: "Lieben
Kinder! ich habe nun so lange über euch regieret,
und, wie ich glaube, nach meinem besten Gewissen.
Wann ihr alle schliefet: so wachte ich oft; wann
ihr bey euren Weibern und Kindern ruhig euer
Abendbrod verzehrtet: so saß ich oft auf meinem
Zimmer traurig und überlegte, wie ich diesen und
jenen Klagen, welche einige von euch führten, ab-
helfen möchte; wann ihr freudig an euer Tage-
werk gienget! so lag mein Tisch voll Supplifen,
die ich alle lesen mußte, die ich alle gewähren sollte, und doch nicht alle gewähren konnte. Denn
wie wär denn das möglich? kann denn Gott selbst
alle die Gebete erhören, die ihr alle Morgen zu
ihm schicket? Wenn ich dann nun diese und jene

Supplik zurückweisen mußte: so schrieen die Supplikanten über Ungerechtigkeit und Härte.

Dieß alles habe ich nun so viele Jahre ausgehalten, und immer geglaubt, es ist einmal dein Stand, in den dich Gott gesetzt hat, der seine Beschwerden eben so gut, wie alle andere Stände hat. Du willst die Beschwerden tragen. Wenn du nur so glücklich bist, die Liebe und das Zutrauen deines Volks zu erhalten; so bist du reichlich belohnet.

Bedenkt also selbst, wie tief es mich kränken muß, da ich höre, daß ihr mit meiner Regierung unzufrieden seyd! Hört also an! Ist jemand da, den ich gedruckt? ist jemand da, dem ich nicht zu seinem Rechte geholfen habe, wenn er anders Recht hatte? Ist je ein Unglück im Lande gewesen, da ich euch nicht beygestanden hätte? habe ich eine wirklich gute Anstalt eingehen lassen? habe ich keine neue gemacht? Alles schwieg stille; ein großer Theil verbarg die Gesichter hinter die Schnupftücher und weinte.

Endlich trat Rübezahl auf und sagte: Ihro Durchlaucht! von dem allen ist jetzt die Rede nicht; kurz und gut, wir wollen frey seyn, uns keine Gesetze mehr geben lassen, und keine Abgaben entrichten; dabey bleibts ein für allemal! Der Fürst gab sich alle Mühe Rübezahlen und seine ne Parthey zu belehren; da sie aber auf ihren Köpfen beharreten: so wurde er unwillig und fuhr fort.

Nun überlegte er die Sache mit seinen Räthen. Da waren nun die mehresten der Meynung: die Ursache von der Widerspenstigkeit dieser Leute, wäre blos diese, weil sie nicht gehörig unterrichtet wären, und keine richtige Begriffe von Regierung, Gesetzen, Abgaben u. d. g. hätten; man müsse das Volk gehörig **aufklären**: so würde es unter einer weisen und guten Regierung sehr gern leben.

Dieß ist meine Meynung auch, sagte der Regent.

Ich aber glaube, sagte ein junger Rath, der immer seine besondern Meynungen hatte, daß die Aufklärung gerade zur Rebellion verleite. Woher sind die Unruhen in unserer Nachbarschaft entstanden? blos von der Aufklärung. So lange das Volk unwissend war, ließ es sich niemand einfallen, sich zu widersetzen; so bald aber den Leuten die Aufklärung durch die Köpfe fuhr, so gieng der Lärmen los.

Sie haben Recht und Unrecht, nachdem man es nimmt, sagte der Regent. Die Aufklärung ist freylich einem Regenten nachtheilig, wenn er blos für sein Vergnügen lebt, und glaubt, das

Volk sey nur deswegen da, daß es für ihn arbeite, und seinen Verdienst an ihn zahle, damit er alle Tage herrlich und in Freuden leben könne. Deßwegen scheuen solche Regenten auch die Aufklärung, so wie sie Quacksalbern, Rabbulisten, gewissenlosen Geistlichen, kurz allen Leuten, die ihre Pflicht nicht thun, ein Dorn im Auge ist. Ein guter Regent gewinnt aber allemal durch die Aufklärung. Je klüger das Volk ist, desto leichter begreift es die Nothwendigkeit der Regierung, der Gesetze und der Abgaben, desto mehr weiß es die Treue und die Arbeitsamkeit seines Regenten zu schätzen. Und ich will durchaus nicht zu den schlechten Regenten gezählet seyn; wenigstens bin ich mir bewußt, daß ich es mit Jedermann redlich gemeynet und das Wohl meines Volks zu befördern gesucht habe, so gut ich konnte.

Der Feind der Aufklärung wollte noch eines und das andere einwenden; aber der Fürst machte ihm ein so finsteres Gesicht, daß ihm das Wort im Munde erstarb.

Nach einigen Tagen ließ der Fürst die Vornehmsten von allen Gemeinen zusammen kommen, und hielt folgende Rede:

"Es betrübt mich sehr, daß einige von euch Unruhen erregen! da ich immer nichts mehr gewünschet habe, als daß wir alle in Ruhe und

Friede

Friede zusammen leben möchten. Weswegen seyd ihr unruhig? wegen der Gesetze und wegen der Abgaben. Wahr ists, daß euch Gesetze gegeben sind. Wißt ihr denn aber, warum? bloß zu eurem Besten. Was haben die Gesetze wegen des Diebstahls zur Absicht? die Sicherheit eures Vermögens. Wozu dient die Forstordnung? dazu, daß die Wälder nicht sollen verwüstet werden, und ihr und eure Kindeskinder immer einen hinlänglichen Holzvorrath haben solltet. Wozu ist das Gesetz wegen Zank und Schlägerey? um Ruhe in euern Gesellschaften zu erhalten. Die Feuerordnung ist da, um auf das möglichste eure Häuser gegen Brand zu schützen. So gehet unsere ganze Landesordnung durch; ihr werdet bey jeder Verordnung finden, daß sie zu eurem Besten gemacht worden sey. Ich gebe es zu, daß einem und dem andern ein Gesetz nachtheilig seyn kann. Wenn man aber in der menschlichen Gesellschaft lebt, und darinne Ruhe, Sicherheit und andere Vortheile genießt, so muß man es sich auch gefallen lassen, um des allgemeinen Besten willen einiges aufzuopfern.

Ihr seyd verdrüßlich wegen der Abgaben. Wißt ihr denn aber, wem ihr die Abgaben entrichtet? ihr glaubt vielleicht mir. Darinne irrt ihr euch gewaltig. Euch entrichtet ihr sie. — Ihr legt das

B 3 Geld

Geld nur zusammen, und ich wende es hernach zum Besten des Landes an. Ich besolde eine Menge Personen, die für euch arbeiten, ich unterhalte zur Sicherheit des Landes Soldaten, ich erhalte öffentliche Gebäude, Landstraßen u. d. g. ist denn dieß Geld nicht alles zu eurem Besten angewendet? Wahr ist es, daß ich meinen Antheil auch davon nehme. Haltet ihr denn dieß für unbillig? Bekommt denn nicht ein jeder, der ein Amt hat, dafür Besoldung? Warum denn nicht auch der Fürst? Wahr ist es auch, daß ich mehr nehme, als irgend jemand im Lande für sein Amt bekommt; muß ich denn aber, als Fürst, nicht auch größern Aufwand machen? Ach oft Aufwand, der mir sehr verdrüßlich ist.

Sehet, lieben Leute! so verhält sich die Sache eigentlich. Nun können wir bald aus einander kommen. Ich finde das größte Vergnügen in meiner Familie. Dieß habe ich bisher wenig genießen können: weil ich bloß für euch gelebt habe. Ich bin nirgends lieber, als auf dem Lande. Dieses Vergnügen habe ich mir versagt, damit ich desto besser eure Supplikken annehmen, lesen, und so viel als möglich gewähren könnte. So manche Reise hätte ich gerne gemacht, meine Regierungsgeschäffte haben es mir aber immer nicht erlaubt. Wäre ich euer Fürst nicht, so könnte ich alles dieses ſtes Vergnügen genießen, und ſo recht nach meiner Neigung leben.

Ich kann euch alſo entbehren. Glaubt ihr, daß ihr mich auch entbehren könnt: ſo können wir uns leicht ohne Zorn und Widerwillen trennen.

Da erhub ſich ein lautes Geſchrey, welches den Fürſten bat, daß er doch ſein Volk nicht verlaſſen möchte. Da es aber vorbey war, rief doch Rü, bezahl mit ſeiner Parthey: wir brauchen keinen Fürſten.

Gut! lieben Leute! antwortete der Fürſt, wenn ihr glaubt, daß ihr ohne mich leben könnet: ſo ſollt ihr auch ohne mich leben.

Binnen hier und acht Tagen ſchreibe nur jeder, der ohne mich leben will, ſeinen Nahmen auf ein Blatt, welches ich, zu dieſer Abſicht auf das hieſige Rathhaus will legen laſſen. Da ſchrieben wirklich achtzig Perſonen ihre Nahmen ein.

Da der Fürſt ſie geleſen hatte: ſchüttelte er den Kopf und ſagte: dieß iſt ja nur eine Handvoll Leute. Um dieſer willen kann ich die Sorge für mein treues Volk nicht aufgeben.

(Die Fortſetzung folgt.)

Zur Chriſtlichen Hauspoſtille haben ſich noch folgende
Liebhaber gemeldet.

Herr Sauerteig in Gotha   1 Ex.
— Inſp. Zerrenner in Derenburg   1 —
— Joh. Friedr. Jordan in Königshof   3 —
— Pred. Stolterfoht in Lübeck   4 —
— Spangenberg in Rürleben   3 —
— Voigt in Gera   1 —
— Cand. Mehnert in Leipzig   6 —
Ein Ungenannter   1 —
Herr Oberpfarrer Schindler in Reichenbach   1 —
— Pf. Brotbeck in Archhofen   6 —
— Schull. Müller in Altengottern   1 —
— Pf. Heinſius zu Emſeloh   1 —
— Pf. Buddeus in Gotha   2 —
— Commetciencommiſſar. Schönau in Oberweißbach   2 —
— Bürgerm. Müller in Eißfeld   1 —
— Amts = und Steuercommiſſar. Neumann in Themar   2 —
— Pf. Hampe in Gallſtedt   1 —
— Pf. Franz in Steinthalleben   1 —
— Landinſp. Otte in Schleßwig   3 —
— Conr. Mogk in Niederwildungen   1 —
— Landcommiſſar. Saul in Altenſtein   1 —

               Summa 43 —

Der Bote aus Thüringen.

Drittes Stück.

1793.

Fortsetzung von der Geschichte der Schildbürger.

Der Fürst machte also bekannt: wie er sich sehr freue, daß bey weitem der größere Theil seines Volks ihn noch lieb habe, und seine Treue zu schätzen wisse: deßwegen wolle er auch ferner für ihr Bestes sorgen. Diejenigen, die ihn nicht mehr zum Fürsten haben wollten, sollten aber auch ihren Willen haben. In seinem Lande könnten sie nur nicht länger bleiben. Binnen sechs Monaten sollten sie also ihre sämmtlichen liegenden Gründe verkaufen, und dann hinziehen wohin sie wollten, er wolle ihnen unentgeldlich Vorspanne bis über die Grenze geben.

Da gieng denn der Verkauf vor sich.

Unterdessen überlegten die Rübezahlianer, wohin sie denn eigentlich ziehen wollten? Da waren

ren die Mehnungen sehr verschieden. Der eine wollte da hinaus, der andere dort hinan. Es entstund ein Zank, der so heftig wurde, daß zwey einader in die Haare fielen, auf einander losschlugen, und nur mit vieler Mühe besänftigt werden konnten.

Das Ding geht nicht, lieben Leute! sagte Stephan Michelmann, denkt an mich! Wenn wir itzo uns schon schlagen; was will es werden, wenn wir ganz für uns sind? Wäre es nicht besser, wenn wir einen Anführer wähleten? Hum! sagte Franz Käsebier, wenn wir hätten einen Anführer haben wollen: so hätten wir ja nur bey unserm Fürsten bleiben dürfen. Wir sind freye Leute! wir brauchen keinen Anführer!

Da sie aber sich gar nicht vereinigen konnten: so mußten sie doch einen Anführer wählen, und die Wahl fiel auf Rübezahlen.

Rübezahl that also den Ausspruch: sie wollen gegen Morgen ziehen. Sie zeigten es dem Fürsten an, erhielten die versprochene Vorspanne und zogen aus den ersten April früh da die Sonne aufgieng.

Kaum aber hatte der Zug eine Viertelstunde gewähret: so ereignete sich ein Umstand, der alle in Furcht und Schrecken setzte. Es war
auch

auch keine Kleinigkeit — ein Haase lief über den Weg!

"Herr Jemine! rief Rübezahl aus, und schlug die Hände zusammen. Herr Jemine! riefen alle, sperrten die Mäuler auf, und getraueten sich keinen Schritt weiter zu thun.

Was ist da zu thun? fragte Rübezahl. Das bedeutet nichts Gutes, sagte Käsebier, denk du an mich! alle stimmten bey, und Rübezahl sagte: so laßt uns gegen Abend ziehen!" Und sie zogen also gegen Abend, verließen hochweißlich den Weg, über welchen ein Haase gelaufen war, und kamen Abends in einem Dorfe an, wo sie sich einquartirten.

Den folgenden Tag zogen sie weiter immer mehr gegen Abend, und kamen nun über die Grenze, wo die fürstliche Vorspanne sie verließ.

Was fangen wir nun an? fragte Rübezahl. Da stehn die Ochsen am Berge. Wie werden wir nun unsere Sachen fortbringen?

Zum Glück hatten sie zwey Esel bey sich, diesen packten sie einige Säcke auf, dann zogen alle in Procession neben den Eseln her, bis sie ohngefähr eine Viertelstunde weit waren, da packten sie ab, und zogen mit den Eseln wieder zurück, um ihnen wieder etwas aufzuladen. So zogen sie hin und her, bis es stockfaster war, und dennoch hatten die Esel nicht alles fortschaffen können.

Da war nun guter Rath theuer. Ein Theil der Equipage lag hier, der andre dort. Was machen wir? sagte Rübezahl. Bleiben wir bey diesen Sachen: so stehlen sie uns jenes; bleiben wir bey jenen: so könnten sie uns dieses stehlen. Wie wäre es, wenn wir loseten? Der Vorschlag fand Beyfall. Rübezahl machte zwey Loose, auf das eine schrieb er A, auf das andere B. Nun gebt Achtung ihr Leute! sagte er. Wird das Loos A gezogen: so bleiben wir diese Nacht bey den Sachen, die noch auf der Grenze liegen; ziehen wir hingegen das Loos B: so bleiben wir bey den Sachen, die hierher geschafft sind. Darauf wickelte er die Loose zusammen, und Käsebier mußte greifen.

Er ergriff das Loos A, und sogleich brachen sie auf und zogen wieder nach der Grenze zurück, um des Nachts bey ihren zurückgebliebenen Sachen zu bleiben.

Nun fügte es sich aber, daß ein Haufe Zigeuner in dieser Nacht durch diese Gegend zog und zu den Sachen kam, bey welchen niemand geblieben war. Diese freueten sich gar höchlich über den Fund, schleppten davon, die ganze Nacht, in die umher stehenden Büsche, so daß die armen
Rübe-

Rübezahliner, als sie des Morgens wieder kamen, wenig oder nichts mehr fanden.

Da entstand nun eine allgemeine Wehklage. Da unterdessen die Sache nun einmal nicht zu ändern war: so fiengen sie den Transport von neuem an und schafften wieder einen beträchtlichen Theil fort, aber bey weitem noch nicht alles.

Da nun der Abend einbrach, versammlete Rübezahl seine Colonie um sich und sagte: Lieben Leute! mit Schaden wird man klug! gestern blieben wir an der Grenze, da wurden wir hier bestohlen, ich dächte, wir blieben diese Nacht lieber hier.

Und wenn wir hier bleiben, sagte Käsebier, so wird man uns an der Grenze bestehlen. Mein Rath wäre, wir blieben hier, und ließen ein Paar Mann bey den Sachen wachen, die wir an der Grenze zurückgelassen haben.

Die ganze Versammlung erstaunte über Käsebiers Klugheit und sagte: so etwas hätten wir in Käsebieren nicht gesucht.

Das nützte Käsebieren, er nahm eine Prise Schnupftaback und lächelte. Um sich noch mehr Verdienst zu erwerben, erbot er sich, daß er die Nacht hindurch bey den Sachen wachen wollte, die an der Grenze geblieben waren. Er wachte auch wirklich bis die Glocke in dem benachbarten Dorfe

elfe

elfe schlug. Da kam etwas durch das Gebüsche. Alle Haare stunden ihm zu Berge, da er es hörete.

Schon wollte er laufen, als er hörete, daß ihn eine Stimme freundlich anredete und sagte: Glück auf! Glück auf! blanker Mann! du bist in einem glücklichen Gestirne geboren.

Wer bist du? fragte Käsebier ängstlich. Da trat ein langes dürres Weibesbild hervor, das, da ihm Käsebier mit seiner Laterne unter die Augen leuchtete, so gelb aussahe, wie Speck, der zwey Jahre im Rauche gehängt hat.

Das gelbe Weib sahe Käsebieren an, vom Kopf bis auf die Füße, warf ihre Augen auf die vielen Sachen, die um ihn waren, und sagte: blanker Mann! dir steht ein großes Glück bevor. Soll ich dir wahrsagen?

Käsebier bezeigte dazu Lust, und das gelbe Weib schlich in das Gebüsch, um da, wie sie sagte, erst noch etwas zu holen, welches zum Wahrsagen schlechterdings nöthig wäre.

Itzo kam sie wieder. Lieber, blanker Mann! sagte sie: dir steht ein großes Glück bevor. Wenn ich dir es aber wahrsagen soll: so komm mit mir in den Wald, da ist eine alte tausendjährige Eiche, in dieser wohnt ein Kauz, der weiß alles auf ein Haar vorher. So viel kann ich dir wir sagen: zeig deine Hand! ja! ja! ich habe es getroffen. Deine Frau stirbt bald. Dann heyrathest du eine junge Prinzessin — die schönste in Deutschland — und wirst Fürst. Das Uebrige wird dir der Kauz sagen.

Käsebier folgte dem Weibe und zitterte vor Furcht und Hoffnung am ganzen Leibe. Eine Stunde lang waren sie wohl durch den Wald gegangen, und die tausendjährige Eiche ließ sich noch immer nicht finden. Endlich sagte das gelbe Weib: nun sind wir auf dem Platze, wo du dein ganzes Glück erfahren sollst. Thue aber ja alles, was ich dir sage! Itzo heb das linke Bein in die Höhe und stelle dich auf den rechten Absatz! so recht! so bald ich nun zu singen anfange, mußt du dich so lange auf dem Absatze herum drehen, bis du mich nicht mehr hörest.

(Die Fortsetzung folgt.)

Zu der Vertheidigung der Rechte des Weibes, welche itzo in Schnepfenthal gedruckt wird, haben sich bisher folgende Liebhaber gemeldet.

Herr Bürgerm. Schweizer zu Frankf. a. M.	1 Ex.
— Major v. Zach in Gotha	2 —
— Wittekind in Eisenach	2 —
— D. Pfähler in Heidelberg	4 —
— Oberjägerm. v. Beaulieu in Hannover	1 —
— Senat. Schaumkessel in Heilbronn	12 —
	Fr.

Fr. Erbgräfin Caroline von Isenburg Meer-
  holz   1 Ex.
Mad. Weiß in Langensalz   1 —
Mad. Weller in Gotha   1 —
Herr Pf. Rudolph in Krahne   2 —
— Chr. Aug. Becker in Mühlhausen   1 —
— Prof. Eck in Leipzig   12 —
— Cant. Naumann in Harzgerode   1 —
— Prof. Mehnert in Erlangen   1 —
— Jos. Christ. Mezold in Arnstadt   1 —
— Rect. Schmid in Pößneck   1 —
— Kaufm. Gräser in Langensalz   1 —
Mad. Richter in Leipzig   1 —
Herr Geh. Rath v. Thümmel in Sonneborn   2 —
Fr. Rittmeist. v. Wangenheim daselbst   1 —
Herr Pf. Stedefeldt zu Großfahnern   1 —
— Braunschweig zu Rotenburg an der
  Fulde   2 —
— Klesewetter in Lichte   1 —
— v. Hopfgarten in Craula   1 —
                              Summa   54 —

Bis zur Ostermesse kann noch auf dieses Buch mit 12 guten Groschen pränumeriret werden.

Von der Zeitung für Landprediger und Schullehrer ist zu Gotha das erste Stück herausgekommen. Es hat diese Zeitung zur Absicht Landprediger und Schullehrer mit den neuesten Schriften, die in ihr Fach einschlagen, bekannt zu machen, und verdient sehr, empfohlen zu werden.

Der Bote aus Thüringen.

Viertes Stück.

1793.

Fortsetzung von der Geschichte der Schildbürger.

Das gelbe Weib fieng nun an zu singen: Lilli, lulli, lillitra! lulli lulli hopsasa! Käsebier drehete sich immer auf dem rechten Absatze herum, die Stimme entfernte sich, wurde schwächer, endlich hörete er sie gar nicht mehr. Nun stund er stille, und machte große Augen, um die tausendjährige Eiche und den Kauz zu sehen. Zwar sahe er keines von beyden, hingegen war auch das gelbe Weib verschwunden. Er rief, er schrie, umsonst, niemand antwortete. Da kam er auf den Gedanken: es müsse nicht von rechten Dingen zugehen. Voll Todesangst tappte er im Walde herum, bis er endlich, mit Tages Anbruch, auf dem Platze wieder ankam, den er hatte bewachen sollen. Da sahe es aber wüste aus; die besten Sachen waren weg, und er glaubte, der Teufel, oder

oder wenigstens seine Großmutter müsse sie geholet haben.

Die übrigen Rübezahlianer hatten aber auch keine ruhige Nacht gehabt. Die Zigeuner, welche in der vorigen Nacht auf diesem Platze eine so gute Beute gemacht hatten, schlichen wieder da und dort herum, um zu versuchen, ob sie nicht wieder etwas erbeuten könnten, und schrieen in den Gebüschen, um zu versuchen, ob sie nicht den Rübezahlianern Furcht einjagen, und sie so zur Flucht bewegen könnten.

Rübezahl hielt sogleich Kriegsrath. Es wurde deliberirt bis gegen 2 Uhr. Da nahm endlich einer das Wort und sagte: lieben Freunde! ihr sehet, in welcher großen Gefahr sich unsere Colonie befindet. Von allen Seiten her lassen sich Feinde hören. Lasset uns als vernünftige Menschen und als Patrioten handeln! Entweder die Feinde kommen, oder die Feinde kommen nicht. Ihr sehet, daß ich die Sache von allen Seiten wohl überleget habe. Nun ist mein Rath dieser: kommen sie: so wollen wir uns ergeben; kommen sie nicht: so wollen wir uns wehren bis auf den letzten Blutstropfen.

Die ganze Versammlung gab diesem weisen Rathe Beyfall. Da sich nun die Zigeuner an eine so große Menge nicht wagten, und sich nach und nach

nach zurück zögen: so wehrten sich die Rabejah-
flaner wirklich bis auf den letzten Blutstropfen,
und freueten sich, bey Tagesanbruch, über die Ta-
pferkeit, die sie bewiesen hatten.

Den folgenden Tag fiengen sie wieder mit
Transportirung ihrer Sachen an, und brachten
sie alle glücklich von der Grenze weg: weil ihnen
die Zigeuner die Arbeit erleichtert hatten.

So transportirten sie eine Woche lang, und
waren doch nicht weiter als eine Meile von der
Grenze weg gekommen. Nun kamen sie aber an
einen Fluß. Kaum erblickte ihn Jakob Kochlöffel: so rief er aus: Leute! wißt ihr was?
itzo habe ich einen Einfall, der sich gewaschen hat!
Ich bin, wie ihr wißt, in der Fremde gewesen.
Da habe ich mancherley wunderbare Sachen gesehen. Unter andern kam ich auch an einen Ort,
da hatten sie die Gewohnheit, daß sie das Holz
nicht zu Markte führten, sondern es in den Fluß
warfen und es nach der Stadt zu schwimmen
ließen.

Wie wäre es nun, wenn wir unsere Sachen
auch in den Fluß warfen und fortschwimmen ließen? da wären wir auf einmal aus aller unserer
Noth und kämen in einem Tage weiter, als wir
in vier Wochen kommen, wenn alles durch unsere
zwey Esel fortgeschaft werden soll.

D 2   Die

Die ganze Gesellschaft klatschte in die Hände und lobte den Einfall. Niemand freuete sich aber mehr darüber als Sabina Wienlin, die bisher Jakob Löffelstiel zur Frau haben wollte, aber immer nicht bekommen konnte. In der Freude rief sie aus: das hätte ich doch in dem Jakob nicht gesucht.

Jakob hörete es, gieng zu ihr, ergriff ihre Hand und sagte: und doch willst du mich nicht zum Manne haben?

Ja, sagte Sabine: hier ist meine Hand! du sollst mein Mann werden. In der nächsten Stadt wollen wir uns copuliren lassen. Da freute sich alles darüber, daß Jakob Kochlöffel auf der Stelle, für seinen guten Rath belohnet wurde.

Rübezahl hatte aber doch dabey seine Bedenklichkeiten. Er nahm eine Prise Schnupftaback und sagte dann: lieben Leute! das ist wohl ganz gut, daß wir die Sachen ins Wasser werfen; aber wie bekommen wir sie denn wieder?

Da sperrete die ganze Colonie die Mäuler auf, und schwieg zwey Minuten lang. Endlich unterbrach Jakob Kochlöffel das Stillschweigen und sagte: dafür laßt mich sorgen! In der Stadt, nach welcher das Holz geflüßet wurde, waren Leute bestellt, die das Holz auffangen und zusammen legen mußten, und es war im ganzen Lande
bey

bey Zuchthausstrafe verbotrn, daß niemand ein
Stück davon entwenden durfte. So wie es nun
in dieser Stadt war, so wird es, denkt an mich!
gewiß in andern Städten auch seyn. Es wird
schon dafür gesorgt seyn, daß niemand etwas entwenden darf.

Wenn die Sache sich so verhält, sagte Rübezahl: so habe ich nichts dagegen. Laßt uns also
unsere Sachen in Gottes Nahmen in den Fluß
werfen! Nun warf alles, was werfen konnte.

Den Anfang machten sie mit einigen hölzer-
nen Kochlöffeln, Mulden und Backtrögen, diese
schwammen alle ganz vortreflich. Die ganze Versammlung freuete sich darüber, Jakob Kochlöffel
lächelte, und bekam von Sabinchen ein Mäulchen
nach dem andern.

Nun setzte aber Käsebier einen Korb mit Eß-
waaren auf den Fluß — mit diesem gieng es
nicht ganz so gut. Er drehete sich ein paarmal
im Kreise herum, dann sank er unter, zum Leid-
wesen aller Anwesenden.

Was war das? fragte Rübezahl.

Was das war, antwortete Käsebier, das will
ich euch wohl erklären. Meine Großmutter,
Gott habe sie selig! hat mir oft erzählet, daß es
im Wasser Nixen gebe, die alles hinunter zögen,
was sie bekommen könnten. Was gilts? in diesen

sem Waffer ist eine Nire, die den Korb hinab gezogen hat.

Das glaube ich selbst, sagte Rübezahl. Mein Rath ist also, daß wir von dem Flusse weggehen, und uns ferner mit unsern Eseln behelfen.

Wenn es so ist, sagten die übrigen: so ist freylich besser, daß wir unsere Habseligkeiten behalten, als daß wir dieselben einer Wassernixe überlassen.

Sie zogen also weiter, und geriethen in große Noth. Kleider und Schuhe zerrissen, der Proviant nahm ab, und sie würden ohne Zweifel alle eines jämmerlichen Todes gestorben seyn, wenn nicht ein besonderer Umstand eingetreten wäre.

In der Nachbarschaft nämlich wohnte ein Fürst, dessen Land durch Krieg und Pest so war verwüstet worden, daß große Strecken unangebauet lagen, und ganze Dörfer leer stunden. Da dieser nun Leute suchte, um sein Land wieder zu bevölkern: so ließ er die Rübezahlianer zu sich einladen, und versprach ihnen, sie mit allen ihren übrigen Habseligkeiten abholen zu lassen. Die Rübezahlianer nahmen dieses Anerbieten mit beyden Händen an, waren aber doch der Meynung, der Fürst müsse ihnen erst versprechen, daß er keine Abgaben von ihnen verlangen, und keine Gesetze ihnen geben wolle. Deßwegen schickten sie Rübezahlen ab, der diese Pünktchen in Ordnung bringen sollte.

Der

Der Fürst wunderte sich höchlich über Rübezahls Forderungen. Unterdessen versprach er ihm den Nachmittag Antwort zu geben. Diese Antwort fiel nun folgendermaaßen aus: die Rübezähler sollen keine Abgaben entrichten. Weil sie aber so vieles Land geschenkt bekommen: so ist es billig, daß sie davon einen jährlichen Erbzinß geben. Da sie ferner von mir geschützet werden, und von allen Anstalten, die zum Besten des Landes gemacht werden, auch den Nutzen, so wie andre Unterthanen, haben: so verlange ich, daß sie jährlich einen Beytrag zur Bestreitung der öffentlichen Ausgaben entrichten sollen. Fünf Jahre sollen sie aber von allen Erbzinsen und Beyträgen befreyet seyn.

Darüber freuete sich Rübezahl sehr und sagte: das lasse ich mir gefallen Ihro Durchlaucht! Erbzinsen und Beyträge wollen wir gerne geben, aber zu Abgaben können wir uns nicht verstehen.

Was nun die Gesetze betraf: so gestund ihm der Fürst zu, daß sie unter sich eine Einrichtung machen sollten, wie es ihnen gefiele, sie sollten auch weiter an keine Gesetze gebunden seyn, als — an die Landesordnung.

Auch darüber freuete sich Rübezahl und sagte: nach der Landesordnung wollen wir uns gerne rich-

richten: nur von Gesetzen wollen wir nichts wissen.

Da nun Rübezahl zurück kam, verkündigte er diese neue Mähre. Ich habe alles erhalten, alles! Wir zahlen keinen Pfennig Abgaben als Erbzinsen und Beyträge. Wir sind an keine Gesetze gebunden, nur der Landesordnung sollen wir uns unterwerfen. Wir sollen auch unter uns eine Einrichtung machen, wie wir nur selber wollen.

Darüber entstand eine allgemeine Freude.

Es währete nicht lange; so kamen dreyßig wohlbespannte Wagen, die der Fürst ihnen geschickt hatte, welche sie mit allen ihren Habseligkeiten aufluden und in ein Städtchen brachten, welches ganz leer stund. Hier hatte der Fürst für sie kochen und braten, und einige Fässer Bier herbey schaffen lassen. Das ließen sie sich wohl schmecken, und zechten bis um Mitternacht.

(Die Fortsetzung folgt.)

Der aufrichtige Kalendermann, welcher mit allgemeinem Beyfalle aufgenommen wurde, ist in der Erziehungsanstalt zu Schnepfenthal, das Stück für 4 gute Groschen zu haben, welche franco eingeschickt werden müssen.

Die Geschichte des Dörfleins Traubenheim ist aber nicht mehr zu haben.

Der Bote aus Thüringen.

Fünftes Stück

1793.

Fortsetzung von der Geschichte der Schildbürger.

Während dem Gelage wurde von der Gesellschaft die Frage aufs Tapet gebracht: was denn ihre Stadt für einen Nahmen bekommen sollte? Rübezahl nahm das Wort und sagte: lieben Leute! ihr wißt, was ich für euch alles gethan habe. Wäre es denn nicht billig, wenn ihr mir dafür eine Ehre anthätet, und nenntet unsere Stadt Rübezahlsruh? –

Ho! ho! rief Käsebier, so geschwinde gehts nicht. Was willst du vor andern ein Vorrecht haben? Weißt du nicht, daß wir dich zum Manne gemacht haben? ich habe für die Gemeine so viel gethan, als du, und ich trage darauf an, daß unsere Stadt Käsebierhausen genennet werde. Darüber wurde nun lange debattirt. Endlich schlug sich Nichelmann ins Mittel

tel und sagte: wozu ist denn das Streiten? Wenn jeder auf seinem Kopfe beharren will: so werdet ihr in eurem Leben nicht einig. Vertragt euch doch! Wäre es denn nicht besser, wenn wir der Stadt den Nahmen Nichelmannsrode gäben? da hätte aller Streit ein Ende.

Was? riefen die andern: was bildest du dir ein? Daraus wird nichts — nimmermehr. Nichelmann gerieth in Zorn, ergriff ein Bierglas, um es seinem Nachbar an den Kopf zu werfen. Ehe er aber noch warf, ereignete sich ein sehr wunderbarer Casus. Oben in der Luft, über den Köpfen der Gesellschaft, fieng es an zu knistern und zu knastern, und ehe sie sich versahen — paus, da schlug es herunter auf den Tisch, daß die Biergläser in tausend Stücke sprangen, und die ganze Gesellschaft aus einander gesprengt wurde. Keiner wagte sich wieder zu dem Tische, jeder suchte für sich einen Winkel, in den er kroch, und die Nacht in Furcht und Angst zubrachte.

Erst gegen acht Uhr des Morgens sahe man sie nach und nach aus den Winkeln, in die sie sich versteckt gehabt hatten, herbey geschlichen kommen. Itzo wagten sie sich das erstemal an den Tisch, um das Mirakel zu sehen, welches sich da zugetragen hatte. Da sahen sie nun zu ihrer großen Verwunderung, daß das Schild von dem

Gast-

Gasthofe, vor welchem sie geschmauset hatten, herab gefallen war, und ihnen das nächtliche Schrecken verursacht hatte. Diese Begebenheit schien ihnen so wichtig, daß sie mit einander eins wurden, sie wollten zum Andenken an dieselbe, ihre Stadt Schildburg nennen. Und diesen Nahmen führt sie noch bis auf den heutigen Tag, und ihre Einwohner heißen: Schildbürger.

Nun war der glückliche Zeitpunkt da, wo die Schildbürger einen sichern Wohnplatz hatten, ohne daß sie Abgaben entrichten und Gesetzen gehorchen durften. Ehe sie aber ihres Glücks recht froh werden konnten, mußten erst noch allerley Pünktchen in Ordnung gebracht werden. Das erste war die Vertheilung der Häuser und der liegenden Gründe. Die mehresten Häuser waren baufällig geworden: weil sie lange Zeit nicht waren bewohnet gewesen. Nur ein einziges schönes festes Haus stund am Markte. Dazu fanden sich viele Liebhaber. Aber eben deßwegen, weil sich viele Liebhaber dazu fanden, konnte es nicht so gleich ausgemacht werden, wer es haben sollte. Rübezahl war der Meynung, weil er doch der Anführer und das Oberhaupt der Schildbürger wäre: so wäre es wohl billig, daß er dieß große Haus bekäme.

Darüber entstand ein schrecklicher Lärmen, und alle Schildbürger behaupteten: das Haus möchte bekommen wer da wollte, Rübezahl dürfte es aber nicht haben, das gienge durchaus nicht an; er würde zu mächtig. Der Streit wurde immer heftiger, und obgleich die Schildbürger ganz Schildburg inne hatten, konnten sie doch kein Haus beziehen: weil die Häuser noch nicht vertheilt waren. Rübezahl ließ endlich die Gemeine zusammen kommen und sagte: Lieben Bürger es ist Zeit, daß wir die Häuser und Güter vertheilen, sonst kommen wir in Schaden. Da ihr euch nun nicht mit einander vereinigen könnet, über die Vertheilung: so verordne ich, daß alles verlooset werden soll.

Guckt einmal an! ihr Bürger! sagte Käsebier, was sich das Rübezählchen heraus nimmt. Erst haben wir ihn zum Anführer gemacht und nun will er uns Verordnungen machen. Was meynt ihr dazu ihr Bürger?

Das leiden wir nicht, schrieen alle, wir nehmen keine Verordnungen an, wir sind freye Leute.

Kilian Besenstiel, ein Metzger, der viel Rindfleisch gegessen und Mark in den Knochen hatte, nahm darauf das Wort und sagte: ihr Bürger! meine Meynung ist diese: daß ich auch

keine

keine Verordnung annehme. Aber ich brauch
ein Haus für meine Frau und Kinder und zu
Treibung meiner Profeſſion. Dazu ſchickt ſich
das Haus am Markte recht gut. Da werde ich
meine Schöpſe, Schweine und Bratwürſte, wenn
ich ſie aushänge, recht gut verkauffen können. Und
daß ihrs alle wißt, ich ziehe in das Haus. Wer
etwas dagegen hat, dem ſchlage ich, ſo wahr ich
Beſenſtiel heiße, das Beil vor den Kopf, daß ihm
das Gehirne umher ſpringen ſoll.

Die ganze Gemeine ſtund voll Ehrfurcht auf;
bückte ſich und — ſagte: Beſenſtiel habe das
nächſte Recht zu dieſem Hauſe.

Auf dieſen Fuß wurde die ganze Repartition
gemacht. Wer die ſtärkſten Knochen hatte, bekam das beſte Haus und die beſten Aecker und die
Schwächern mußten mit baufälligen Hüttchen und
ſchlechten Aeckern vorlieb nehmen.

Binnen einer Woche war alles glücklich vertheilt, und es war dabey weiter keine Unordnung
vorgefallen, als daß zwey Schildbürger waren
tod geſchlagen, und dem dritten der rechte Arm
entzwey geſchmiſſen worden.

Die Weiber der Erſchlagenen wollten über den
Verluſt ihrer Männer pimpeln, aber Käſebier be-
ruhigte ſie und ſagte: ſchämt euch in euer Herz
hinein! um ſo eine Kleinigkeit wollt ihr klagen?

C 2 Was

Was habt ihr denn verlohren? eure Männer? Das belohnt sich auch wohl der Mühe, daß man so sehr darüber lamentiret. Der Freyheit muß man alles aufopfern. Es giebt ja noch Männer genug in der Welt. Mein Rath ist dieser: nehme sich jede einen andern Mann! einen hübsch jungen!

Da schmunzelten die Weiber und trockneten ihre Thränen ab.

Den folgenden Tag wurden die Erschlagenen begraben, und der Herr Pfarrer hielt die Leichenpredigt. Er lobete nicht nur die Erschlagenen, welche für die Freyheit ihr Leben gelassen, sondern auch die Weiber, welche so willig für die Freyheit sogar ihre Männer hingegeben hätten.

Die Predigt machte gewaltigen Eindruck auf die Schildbürger und Schildbürgerinnen. Sie zogen die Schnupftücher heraus, und weinten so viel darein, daß man sie hätte auswringen können. Wer aber dadurch am meisten gerühret wurde, das waren die jungen Bursche. Jeder wünschte sich so eine Schildbürgerin zur Frau zu haben.

Kaum hatte also der Herr Pfarrer den Segen gesprochen: so liefen die jungen Bursche aus der Kirche, machten eine Gasse, und so bald die braven Schildbürgerinnen aus der Kirche kamen: so schlossen sie um dieselben einen Kreis, und drangen

gen barauf, daß sich jede aus ihnen einen Mann
wählen sollte.

Die Schildbürgerinnen weinten, aber doch immer so, daß sie die jungen Bursche übersehen konnten. Darauf reichte jede demjenigen, der ihr am besten gefiel, die Hand, und sagte: wenn es denn nicht anders seyn kann —

Nun gieng jeder mit seiner Braut zu dem Herrn Pfarrer und bat ihn, sie mit einander so gleich zu copuliren. Der Herr Pfarrer zuckte die Achseln und sagte: ich darf nicht, es ist gegen die Gesetze.

Da aber die Bursche ihm vorstelleten, daß sie freye Leute wären, und von keinen Gesetzen etwas wüßten; so wurden sie wirklich copulirt, und hielten noch an selbigem Abend ihre Hochzeit.

Nach einem halben Jahre schon bekam jede Frau ein Kind. Ganz Schildburg freuete sich darüber und sahe es als ein Wunderwerk an. Der Herr Pfarrer schrieb es in die Chronik, zum Andenken für die Kindeskinder, daß sie daraus lernen sollten, wie die Freyheitsliebe auch oft durch Mirakel belohnet werde.

Rübezahl war noch immer Anführer, und hatte das Recht, die Bürgerschaft zusammen zu berufen. Es kamen aber allerley Punkte aufs Tapet, die gar nichts Gutes für ihn vermuthen ließen.

Erst

Erst sprach man darüber in den Spinnstuben, hernach öffentlich, endlich wurde gegen ihn eine förmliche Klage formiret. Diese enthielt folgende Punkte.

1. Rübezahl habe gefährliche Absichten: weil er verlangt habe, die Stadt Schildburg Rübezahlsruh zu nennen.

2. Rübezahl suche vor andern Vorzüge, weil er sich das beste Haus habe zueignen wollen.

3. Rübezahl sey ein Verräther, und halte es mit dem Fürsten: weil er von dem Fürsten eine Jacke und ein Paar Hosen geschenkt bekommen habe.

(Die Fortsetzung folgt.)

Herr von Rochow, der schon so viel Gutes und Nützliches geschrieben, hat in der vergangenen Ostermesse wieder ein sehr wichtiges Buch geliefert, welches den Titel hat: Berichtigungen. - Es verdient besonders von Predigern gelesen zu werden.

In der Salzmannischen Handlung zu Erfurt, sind wieder gute Sämereyen, von verschiedenen Klee- und Grasarten, ingleichen allen Arten von Küchengewächsen und Specereyen um billige Preise zu haben.

Auch sind dergleichen Sämereyen bey Herrn Haun, in Erfurt, vor den Graben wohnhaft, zu haben. Beyde haben Preißcouranten drucken lassen, aus welchen man das Mehrere ersehen kann.

Der Bote aus Thüringen.

Sechstes Stück.

1793.

Fortsetzung von der Geschichte der Schildbürger.

Rübezahl suchte sich, so gut als möglich, zu vertheidigen, und sagte unter andern: der Fürst habe ihm deßwegen die Jacke und die Hosen geschenkt: weil die seinige zu sehr zerrissen gewesen wären. Das half aber alles nichts. Die Bürgerschaft schrie: fort mit Rübezahl! Wir wollen keinen Verräther unter uns haben.

Rübezahl wurde also durch die Stimme des Volks verbannet, irrete zwey Jahre trostlos in der Welt herum, und kam endlich nach Schlesien auf das Riesengebirge, wo er an der rothen Ruhr sein ruhmvolles Leben einbüßete.

Da soll er noch, wenn man der Sage trauen darf, bis auf den heutigen Tag spuken und die Reisenden schabernacken.

Da nun die Gemeine von einem Manne war befreyet worden, dem sie nichts Gutes zutrauete, und der ihr gefährlich schien: so beschloß sie, auf Anrathen des Herrn Pfarrers, zur Dankbarkeit die Kirche mahlen zu lassen, welche ziemlich rußig aussahe. Es suchte daher jedes sein Pathengeld zusammen, um die dazu nöthigen Kosten davon zu bestreiten.

Die Schildbürger waren dazumal katholisch und glaubten also daß es nöthig sey, die Kirche erst einem Schutzpatrone zu widmen. Die Gemeine kam deswegen zusammen, um zu überlegen, welcher Heilige diese Ehre haben sollte.

Es wurden dreye zu Schutzpatronen vorgeschlagen, der heil. Stephanus, die heilige Elisabeth, und die heilige Dreyfaltigkeit. Darüber entstund ein heftiger Streit, den der Herr Pfarrer nur mit vieler Mühe beylegete, indem er die Gemeine beredete, daß sie votiren, und dem Schutzpatron, welcher die mehresten Stimmen bekäme, die Kirche weihen sollte.

Die mehresten Stimmen fielen auf die heilige Dreyfaltigkeit. Es wurde also gleich ein Steinhauer geholet, der über die Kirchthür die Worte einhauen mußte: heilige Dreyfaltigkeit bitte für uns!

Die

Die neuen Einrichtungen der Gemeine Schildburg wurden weit und breit bekannt, und die
Neugier leitete viele Fremde herbey, um sie mit
ihren eignen Augen zu sehen. Da fragte auch einer einmal einen Schildbürger: bey wem denn eigentlich die heilige Dreyfaltigkeit für sie bitten
solle?

Bey wem? fragte er wieder, darum laß ich
mich unbekümmert.

Unter diesen Fremden befand sich auch ein
Schreiner, der sich gleich erbot, die Kirche zu
mahlen, so bald er den löblichen Entschluß der
Schildbürger gehöret hatte, und versicherte, daß
er seiner Kunst gewiß sey, weil er ja alle Särge
selbst mahle, die er verfertigte. Man accordirte
mit ihm.

Da nun doch jeder Schildbürger seines Nahmens Gedächtniß gern stiften wollte: so wurden
sie einig, daß jeder, auf seine Kosten, ein Ge-
mählde verfertigen, und seinen Nahmen darunter
setzen lassen solle.

Es würde zu weitläuftig seyn, alle die sinnrei-
chen Einfälle anzuführen, die die Schildbürger
bey dieser Gelegenheit zeigten. Es sey an einigen genug.

Nichelmann ließ z. E. die Copulation des
Adams und der Eva mahlen. Sie stunden, wie

sie

sie erschaffen waren, vor einem Altare, der liebe Gott mit einer Bischofsmütze und in einem Anzuge, wie ihn die Bischöfe zu tragen pflegen, trauete sie, und ein Paar heilige Engel verrichteten dabey die Dienste des Küstners.

Kochlöffel ließ den Heyland abbilden, wie er zur Kreuzigung geführet wird. In den Händen hielt er ein Crucifix und auf beyden Seiten giengen zwey Kapucinermönche, um mit ihm zu beten.

Käsebier ließ den Heyland am Kreuze mahlen. Auf der einen Seite stund ein Kriegsknecht, der ihm mit einem Speere die Seite öffnete, um zu untersuchen, ob er wirklich tod sey; und auf der andern stund wieder ein Kriegsknecht, der einen Schwamm, auf eine Stange gesteckt, an seinen Mund hielt, um ihn zu tränken.

Das vorzüglichste Stück in der ganzen Kirche war aber ohne Zweifel das Altarblatt, welches die ledigen Bursche, auf ihre Kosten hatten verfertigen lassen. Es stellete die ewige Verdammniß vor. Man sahe da ein schreckliches Thier, welches seinen Rachen, aus welchem Flammen loderten, weit auffsperrete. Die Teufel waren damit beschäfftigt, die Verdammten in diesen Rachen zu stoßen, auf Schiebkarren herbey zu führen, und mit Wurstkrauel aus den Gräbern her-

hervorzuziehen. Unten stunden die Worte: Zur Ere Goddes veröhret von den ledigen Geselen in Schiltpurg.

Da nun diese schöne Mahlerey glücklich geendiget war: so fehlte noch ein Crucifix auf den Altar. Deßwegen wurden zwey Bursche, Kilian und Stephan nach der Residenzstadt abgeschickt, um dort eins zu kaufen. Sie fragten also, da sie daselbst ankamen, eine alte Frau, die ihnen begegnete: wo sie ein Crucifix bekommen könnten? Diese wieß sie zu einem Drechsler.

Sie giengen zu ihm und fragten: ob er Crucifixe zu verkaufen hätte? Der Drechsler, der ein muthwilliger Mensch war, sahe sie an und fragte: soll denn ein lebendiges oder ein todtes seyn?

Diese Frage hatten sich die Schildbürger nicht vermuthet, und sahen deßwegen einander bedenklich an. Endlich sagte Stephan: weißt du was Kilian? meine Meynung ist die, wir nehmen ein lebendiges. Wenn der Herr Pfarrer ein todes haben will: so kann er es ja selbst tod schlagen.

Kilian war aber doch der Meynung, es wäre besser, daß sie erst den Herrn Pfarrer, bey einer so wichtigen Sache um Rath fragten.

Sie giengen also ohne Crucifix wieder nach Hause, und trugen den Casus dem Herrn Pfarrer vor.

vor. Dieser stutzte auch und wurde bedenklich, und da er sich bey so einer wichtigen Sache nicht sogleich entschließen konnte: so sagte er: lieben Leute! kommt morgen wieder, da will ich euch Antwort geben. Ich muß erst die Sache überlegen.

Den andern Morgen gab er ihnen den weisen Bescheid: sie sollten sich nur ein hölzernes Crucifix geben lassen, es möchte lebendig oder tod seyn, wenn es nur hübsch vergoldet wäre.

Da nun die Kirche so stattlich ausgezieret war: so wurde beschlossen, ein solennes Dankfest zu feyern, und das *te Deum* abzusingen. Es wurden also die ganze Woche hindurch Anstalten gemacht, die Weiber buken Kuchen, und die Männer trugen Hanebutten, und Schleenbüsche zusammen, und putzten damit die Kirche aus. Michelmann trug aber darauf an, daß man eine Kanone herbeyholen, und damit zu dem *te Deum* kanoniren sollte.

Der Vorschlag fand Beyfall und Michelmann lief selbst nach der Residenz und bat, daß man ihm eine Kanone möchte verabfolgen lassen. Sie wurde ihm gegeben, und der Constabler, der sie ihm gab, sagte: es sey ein Dreypfünder.

Was ist das, ein Dreypfünder? fragte der bedächtige Michelmann.

Eine

Eine Kanone, antwortete der Conſtabler, die drey Pfund ſchießt.

Gut! Gut! ſagte Nichelmann, und ließ die Kanone nach Schildburg führen, wo ſie von der Bürgerſchaft mit großem Jubel empfangen wurde. Auch hatte Nichelmann ſich mit einem ziemlichen Sack voll Pulver verſehen.

Da nun der Sonntag kam, war das erſte, was Nichelmann that, dieſes, daß er drey Pfund Pulver in die Kanone lud und eine lange lange Stange nahm, ein Stückchen Schwamm daran ſteckte, um die Kanone damit loszuſchießen.

So bald nun die Gemeine den Lobgeſang anſtimmte, brennte Nichelmann den Schwamm an, näherte ſich zitternd der Kanone, fuhr mit dem Schwamme darauf hin, und traf endlich, nachdem die Hälfte des Lobgeſangs geendigt war, das Zündloch.

Was lange währt, pflegt man zu ſagen, das wird gut. Das traf auch hier ein. So wie der Schwamm auf das Zündloch kam, that es ſo einen ſchrecklichen Knall, daß alle Schildbürgerinnen in der Kirche hoch in die Höhe fuhren. Ja noch mehr! die Kanone ſelbſt ſprang in tauſend Stücken, davon einige in die Kirchenfenſter, andere aber an Nichelmanns Kopfe wegflogen. Dieſer fiel vor Schrecken tod zur Erde nieder.

Das

Das *te Deum* war nun geendigt, die Gemeine lief zur Kirche heraus, sah keine Kanone mehr, Michelmannen aber zur Erde gestreckt.

Da sperreten alle die Mäuler weit auf, und wußten nicht, was sie dazu sagen sollten.

Endlich fieng einer an und sagte: was ist zu thun — das Unglück ist einmal geschehen, wir müssen nun nur dazu thun, daß Michelmann begraben wird.

Der Schreiner, der dabey stund, sagte, er habe einen Sarg vorräthig, einen recht bunten, er wollte gleich nach Hause laufen und ihn herbey holen.

Das waren alle recht wohl zufrieden. Nach etlichen Minuten kam er ganz außer Odem zurück, brachte den Sarg und Männer und Weiber griffen nun an, um den guten Michelmann hinein zu legen. Vier andere Männer machten unterdessen das Grab.

(Die Fortsetzung folgt.)

Das bekannte Rittersche Digestivpulver ist zu haben: in Erfurt bey Hrn. Kaufmann Salzmann an der Straße, in Rudolstadt bey dem Hrn. Corporal Schubart, in Frankenhausen beym Regierungsbothen Gollwey, in Greußen bey Hrn. Graff, in Nordhausen bey Hrn. Kaufmann Neuenhahn d. j., in Arnstadt bey dem Erfurther Bothen Kalbhenne, desgleichen auch in der Erziehungsanstalt zu Schnepfenthal.

Der Bote aus Thüringen.

Siebentes Stück.

1793.

Bote. Wirth.

B. Nu? was soll denn das heissen? er sitzt ja da so melancholisch, Herr Gevatter! wie wenn ihm ein großes Unglück begegnet wäre. Was giebts denn?

W. Ach das Unglück! das Unglück!

B. Nu was denn? sag er es doch heraus, vielleicht kann ich ihm einen guten Rath geben. Man hat ja sonst das Sprüchwort: es ist kein Unglück so groß, es ist ein Glück dabey.

W. Ach bey dem Unglücke kann kein Glück seyn. Sie haben meinen Sohn unter die Soldaten genommen.

B. Je du lieber Himmel! wer hat ihn denn genommen? haben ihn etwa fremde Werber überlistet?

W. Ey das hat gute Wege, dazu war mein Christian viel zu gescheut. Unser Fürst hat ihn lassen wegnehmen.

Februar. 1793.   G   B. Ja

B. Ja so! der Fürst! das ist eine ganz andere Sache, lieber Herr Gevatter! Er wird wohl zum Reichskontingent mit kommen sollen?

W. Ey freylich! ich sehe aber gar nicht ein, warum dieß eines andere Sache seyn soll.

B. Das will ich ihm sagen. Unsere Fürsten streiten itzo nicht, um Land zu erobern, nicht um ruhigen Nachbaren in ihr Land zu fallen, sondern sie streiten gegen die Franzosen, die in Deutschland eingefallen sind. Wer also aufgerufen wird, zum Reichskontingente zu gehen, der kann es in Gottes Namen thun. Er geht in seinem Berufe und streitet für Vaterland und Freyheit.

W. Ich weiß nicht, was er mir da schwatzt: Für die Freyheit sollten wir streiten? wir streiten ja gegen die Freyheit. Haben nicht die Franzosen gesagt, daß sie die Fesseln der Völker zerbrechen und sie in Freyheit setzen wollten? Gegen diese Leute sollte man streiten? ich dächte man machte ihnen lieber Thüre und Thore auf.

B. Das ist doch wohl sein Ernst nicht?

W. Ey mein völliger Ernst.

B. Nun wenn mein Herr Gevatter so spricht, so weiß ich nicht, was andere Leute sagen sollen. Da habe ich nun fünf Jahre mit ihm discuriret, habe ihm immer zum Nachdenken gerathen, er hat mir immer gesagt, daß ich ihm gut gerathen hät-

hätte; ich sehe aber wohl, daß er noch nicht viel gemerkt hat: denn itzo scheint er das Nachdenken ganz vergessen zu haben.

Eben deßwegen: weil die Franzosen gesagt haben, daß sie die Fesseln der Völker zerbrechen und sie in Freyheit setzen wollten: so muß jeder brave Deutsche, der Kopf und Herz hat, alles thun, was er kann, um ihnen das Fesselzerbrechen zu verbieten und sie in ihr Land zurück zu jagen.

W. Ich versteh noch nichts.

B. Nun da will ich ihm ein Exempelchen geben. Wenn in einem benachbarten Dorfe Unruhen entstehen, wird er sich da wohl drein meliren?

W. Ey was gehen mich anderer Dörfer ihre Sachen an.

B. Darinne hat er ganz recht. Wenn nun aber einer aus diesem benachbarten Dorfe sich in sein Haus schliche, und sagte seinen Kindern: ihr Leute, was wollt ihr euch von diesem alten wunderlichen Manne befehlen lassen? ich will euch frey machen. Schmeißt euern Vater zum Hause hinaus! ich will euch dazu behülflich seyn. Wie da Herr Gevatter?

W. Komme er mir nur mit so wunderlichen Fragen nicht! das versteht sich von selbst, was ich thun würde. Ich kriegte ihn bey der Gurgel und würfe ihn zum Hause hinaus.

B. Das

B. Das ist wohl ganz gut gesagt; es geht aber so geschwinde nicht, als es gesagt ist. Wenn nun der Mensch sich wehrte, und wollte sich nicht zum Hause hinaus werfen lassen; wie da?

W. Wie da? da rief ich meine Kinder zu Hülfe, und die würden mir beystehen, das weiß ich. Ich habe gegen sie als ein rechtschaffner Vater gehandelt, und sie sind rechtschaffen, darauf kann ich mich verlassen.

B. Das ist brav! Aber seh er Herr Gevatter! so ists gerade mit den Franzosen und unsern Fürsten. Die Franzosen waren so hart gedruckt, daß sie es nicht länger aushalten konnten, sondern genöthigt wurden, ihre Regierung umzuändern. Das geht uns und unsern Fürsten nichts an. Jeder rechtschaffene Deutsche mußte wünschen, daß die Veränderung ohne Blutvergießen abgehen, und eine recht gute vernünftige Regierung hingestellt würde. Und wenn unsere Fürsten den Einfall gehabt hätten, dieß Volk in seinem Unternehmen zu stören: so hätten wir alle Bursche bedauern müssen, die zur Unterdrückung Frankreichs gebraucht wurden.

W. Und das von Rechtswegen.

B. Aber nun höre er weiter! Da nun aller Welt Augen auf Frankreich gerichtet sind, und alles aufspannt, was da für Weisheit und Glückseligseligkeit von Paris herkommen soll: so geht da alles drunter und drüber. Die Franzosen, statt darauf zu denken, ihrem eignen Lande Ruhe zu schaffen, fallen in andere Länder ein, und warum? um ihre Freyheit zu behaupten? das könnte man ihnen nicht verdenken. Aber sie gehen weiter, sie wollen die Völker frey machen und ihre Fesseln lösen. Und das kann kein braver Mann dulden. Dagegen muß sich jeder Rechtschaffne wehren.

W. Ich vor mein Theil habe wohl Lust, mich gegen die zu wehren, die mir meine Freyheit rauben wollen, ich sehe aber nicht ein, warum ich gegen so gute Leute streiten soll, die deßwegen kommen, um mir die Freyheit zu geben.

B. Auf diese Art thäten seine Kinder also auch nicht wohl, wenn sie gegen den Menschen sich wehreten, der den alten Vater aus dem Hause werfen will.

W. Ey das ist eine ganz andere Sache.

B. Es ist das nämliche. Der Mensch, der seinen Kindern zumuthet, den Vater aus dem Hause zu werfen, sucht nicht ihre Freyheit, sondern sucht sich in das Haus einzunisten, um da commandiren zu können, und freye Zehrung zu finden. So ists gerade mit den Franzosen. Sie suchen nicht unsere Freyheit, sondern gehen darauf aus uns treulos gegen unsere Fürsten und Obrig-

Obrigkeiten zu machen, damit wir sie einlassen, sie unsere Fürsten plündern, uns in Contribution setzen, unsere Schinken und Knackwürste aufessen, und unser Land erobern können. Dann lachen sie in ihr Fäustchen hinein, daß wir so einfältige, dumme Leute sind, die sich von ihnen bey der Nase herum führen lassen.

W. Nehme er es mir nicht übel Herr Gevatter! das kann ich von den Franzosen nicht glauben. Sie haben ja alles Liebes und Gutes versprochen; sie haben ja vor der ganzen Welt erklärt, daß sie keine Eroberungen machen wollten.

B. Wenn es mit dem Versprechen ausgemacht ist: so habe ich nichts dagegen. Mein seliger Großvater sagte aber immer, Versprechen und Halten sey zweyerley; wenn wir durch die Welt kommen wollten: so müßten wir fein gewitzt werden, und nicht alles glauben, was die Leute versprächen. Wer so einfältig wäre, daß er alles glaubte, was ihm versprochen würde, der wäre ein Pinsel, dem man auf der Nase herumspielen könnte, wie man selbst wollte.

W. Ey das ist wohl alles wahr, aber mit den Franzosen ist es eine andere Sache, die sind ja eine ganze Nation, die wird doch wohl Wort halten?

B. Eben deßwegen, weil sie eine ganze Nation sind, darf man ihnen nicht glauben. Daß es unter

ter den Franzosen viele brave Leute giebt, das
weiß ich. Daß diese alles Gute wollen, und alles Gute versprechen, das leugne ich nicht. Glaubt
er denn aber, daß nun die ganze Nation halten
werde, was ein Paar brave Leute versprochen haben?

W. Das ist mir freylich nicht glaublich.

B. Mir auch nicht. Da haben einige brave
Franzosen in der Nationalversammlung versprochen: **wir wollen keine Eroberungen
machen**, und ich glaube, daß es ihr Ernst gewesen ist. Werden denn aber deßwegen die Ar-
meen, die in andere Länder einfallen, thun, was
diese wenigen versprochen haben? werden sie nicht
sagen: ey was geht uns das an? wir haben nichts
versprochen. Ueberhaupt ist meine Meynung diese:
man müsse die Leute nicht beurtheilen nach ihren
Worten, sondern nach ihren Werken.

W. Das ist wohl wahr. Sind denn aber
die Werke der Franzosen nicht gut?

B. Ob sie gut oder nicht gut sind? darüber
mag er selbst urtheilen; ich will ihm nur sagen,
was ich davon weiß. Sie kamen nach Frankfurt
am Mayn; die Frankfurter öffneten ihnen die
Thore, thaten alles, was sie nur konnten, um ihnen ihr Quartier recht angenehm zu machen. Und
was thaten die Franzmänner? sie forderten zwey
Millionen Gulden Contribution, und setzten einige

der

der vornehmsten Kaufleute so lange hin, bis das Geld würde bezahlet seyn.

W. Das habe ich gehöret. Aber ein Führmann, der von Frankfurt kam, und bey mir logirte, sagte mir auch, daß die Frankfurter es darnach gemacht hätten; verschiedene Kaufleute hätten den emigrirten Franzosen Geld vorgeschossen.

B. Ist denn das etwa was Unrechtes? Hat denn der Kaufmann nicht ein Recht, mit seinem Gelde zu machen was er will? Hat denn die Nationalversammlung in Paris ein Recht, sich darum zu bekümmern, wem die Frankfurter Kaufleute Geld borgen?

(Die Fortsetzung folgt.)

Eine Fabel aus dem Aesopus, die Katze und der Hahn.

Eine Katze, die einen Hahn überfallen hatte, und gern Scheingründe finden wollte, ihn mit einiger Art der Gerechtigkeit zu erwürgen, warf ihm vor, daß er durch sein Krähen alle die Nachbarn im Schlafe verhindere. Ich thue dieß nicht, erwiederte der Hahn, ihnen beschwerlich zu seyn; es geschieht zu ihrem Nutzen, und ich wecke sie blos auf, um sie zur Arbeit zu rufen.

Dieß sind, antwortete die Katze, scheinbare Gründe, allein mich hungert abscheulich, ich muß dich fressen.

Der Bote aus Thüringen.

Achtes Stück.

1 7 9 3.

Bote. Wirth.

W. A propos Herr Gevatter! die Franzosen müssen doch nicht so schlimm seyn, wie er sie mir beschrieben hat. Gestern trank ein Fuhrmann ein Glas Brantewein bey mir, der sagte, es wäre den Frankfurtern alles von den Franzose erlassen worden.

B. Ich habe ja nicht gesagt, daß sie 2 Millionen wirklich gezahlt haben, sondern nur, daß sie ihnen sind abgefordert worden. Eine Million haben sie doch zahlen müssen, und ich habe nicht gehöret, daß sie einen Kreuzer wieder bekommen hätten. Gesetzt aber sie hätten alles wieder bekommen: ist denn nicht das schon hart, daß ihnen so viel ist abgefordert worden? stelle er sich doch nur vor was für Angst die Kaufleute haben ausstehen müssen, die von den Franzosen hingesetzt wurden, was für Wege und Stege und Suppliciren die gute Stadt übernehmen mußte, um

die

die Nationalversammlung in Paris dahin zu bringen, daß sie ihre Forderung zurücknähme! ist denn das auch Recht von einer Nation, die beständig von Bruderliebe spricht?

W. Aber man erzählt doch wunderliche Sachen von den Herren Frankfurtern. Man giebt ihnen Schuld, sie hätten, da die Preussen und Hessen anrückten, die Räder an den französischen Kanonen zerschlagen, und ihren Feinden die Thore geöffnet — wenn das wahr wäre —

B. Ob es wahr sey, weiß ich nicht. Gesetzt aber es wäre wahr: so sind ja die Franzosen selbst Ursache daran. Die Franzosen hatten versprochen, die Stadt zu schonen, und gleichwohl wollten sie auch nicht heraus ziehen, ob sie gleich von den Frankfurtern gewaltig darum gebeten wurden. Sie setzten also die unschuldige Stadt den Kanonen der Hessen und Preussen aus. War es denn da nicht natürlich, daß das Volk in Wuth gerathen, und den Feinden der Franzosen die Thore öffnen mußte? Soll denn etwa eine neutrale Stadt sich aus Liebe zu einer Parthey in den Grund schiefen lassen? Wenn der Fall umgekehrt gewesen wäre, wenn die Preussen in einer Stadt gelegen hätten, die Franzosen wären davor gekommen, die Bürger hätten ihnen die Thore geöffnet, und die Kanonen der Preussen zerschlagen — was da die Nationalversammlung in Paris

ris für eine Freude würde gehabt, wie sie die braven Bürger würde gelobt, und geehrt und ihnen Danksagungsschreiben zugeschickt haben! Da aber die Frankfurter eben dieß gethan haben sollen: so sieht man dieß als ein Verbrechen an. Das will mir nun von den Herren Franzmännern eben nicht gefallen; von einer Nation, die von sich immer sagt, sie handele edel und groß, wie die Herren Franzosen thun, hätte ich so etwas nimmermehr erwartet. Eine Nation, die edel und groß handelt, muß, meinem einfältigen Verstande nach, die Liebe zum Vaterlande, oder wie es die Herren Gelehrten ausdrücken, den Patriotismus, und den Muth und die Unerschrockenheit nicht nur bey ihren Landsleuten, sondern auch bey Fremden respectiren.

W. Aber wenn die Franzosen so böse wären: so hätten sie sich ja an den Frankfurter Deputirten gerächet, die in Paris gewesen seyn sollen. Die Fuhrleute haben mir aber gesagt, sie hätten sie wieder in Ruhe nach Hause reisen lassen.

B. Dasselbige ist nun wahr, das muß ich ihnen zum Ruhme nachreden. Die Frankfurter haben sich aber auch recht brav gegen die Franzosen betragen: sie haben ihr möglichstes gethan, daß die Gefangenen und Blessirten recht gut verpfleget wurden.

W. Das

W. Das heisse ich gut!

B. Ich auch. Wollte Gott, daß dieser Geist allen Soldaten, die ißo gegen einander fechten, in die Köpfe führe; daß sie sich alle Mühe gäben, es einander an Menschlichkeit zuvor zu thun, und jede Nation ihren Stolz darinn suchte, daß sie alle Grausamkeiten vermiede — wie gut würde es da seyn. Wenn ja Krieg geführet werden soll und muß, und kann nicht verhindert werden: so wünsche ich nur daß er menschlich geführt werde; daß mans doch auch merkt, daß die Völker, die sich einander in die Haare gerathen, aufgeklärt sind.

Unterdessen hat doch ein Mitglied des Nationalconvents gesagt, er bestünde darauf, daß Frankfurt, wenn es wieder in die Hände der Franzosen käme, der Erde gleich gemacht werden sollte.

W. Schwatze er mir doch solch albernes Zeug nicht!

B. Ich sage ihm aber, daß es wahr ist. Damit ich aber niemanden zu viel thue, so muß ich ihm auch sagen, daß sogleich ein anderes Mitglied La Croix aufgestanden ist, und gesagt hat: das wäre barbarisch, das wäre gegen alles Völkerrecht, und daß die übrigen Mitglieder ihm beygestimmt haben.

W. Das war brav. Aber da sieht er ja doch, daß

daß wir von den Franzosen nichts zu befürchten haben.

B. Das glaubt er wirklich? es steht ja nun, wenn die Franzosen Frankfurt wieder bekommen sollten, mit dieser Stadt immer noch, wie man eine Hand umwendet. Behält die vernünftige Parthey in Paris die Oberhand, da verfährt man halt mit Frankfurt glimpflich; siegt aber die rachgierige, da sey Gott im Himmel den armen Frankfurtern gnädig!

W. Je nu! wir wollen das Beste hoffen.

B. Er hätte auch noch sagen sollen, das Schlimmste kömmt so wohl.

Genug, jedes Land muß wünschen, daß fremde Truppen von seinem Boden bleiben. Denn sie mögen noch so gut civilisirt seyn: so gehts doch ohne Pläckereyen nicht ab. Bald dringt sie die Noth, daß sie das Land hart angreifen müssen; bald begehen einzelne böse Menschen Excesse. Das Beste für die Franzosen und für uns alle wäre freylich, daß Friede geschlossen würde. Wie vieles unschuldige Blut würde da erspart, das im Kriege gewiß wird vergossen werden; wie vielen Jammer und Wehklagen, das durch Theurung und Hungersnoth entstehen wird, würde dadurch vorgebeugt werden. Die Franzosen bekämen nun Ruhe, daß sie die Unordnungen in ihrem Lande

H 3 ab-

abstellen, und alles recht gut einrichten könnten; und wir — wir bekämen auch Ruhe, und wollten dann unsern Herren Nachbaren alles Gute wünschen, und auf ihre Gesundheit ein Glas Merseburger trinken.

W. Nun das Merseburger können wir itzo schon trinken. Hier habe ich ein recht gutes Gläschen. Wohl bekomme es!

B. Ich danke! schenke er sich auch ein Glas ein, und stoße er mit mir an. **Auf baldigen Frieden!**

W. Das gebe der liebe Gott! da bekomme ich doch meinen Christian wieder, und hunderttausend Väter in Deutschland und in Frankreich bekommen ihre Söhne wieder.

Diejenigen, die noch wegen Bechsteins Naturgeschichte, und des Kalendermanns an uns zu zahlen schuldig sind, werden höflichst gebeten, die Zahlung an uns, franco einzuschicken, damit uns die Lust, unsern Lesern durch Mittheilung nützlicher Bücher zu nützen, nicht vergehen möge.

Da bekanntlich der Anfang des Unterrichts bey Kindern damit am schicklichsten gemacht wird, daß man ihnen die Producte der Natur nach und nach darstellt, sie darauf aufmerksam macht, und ihnen die

die verschiedenen Theile derselben zeiget, und den
Nutzen und die Bestimmung von jedem erkläret;
Eltern und Lehrer aber darüber klagen, daß es ihnen oft an Naturalien fehle: so hat sich ein junger Mann, der im Ausstopfen der Thiere geschickt
ist und sie so zu zu bereiten weiß, daß sie sich gut
conserviren, entschlossen, aus seiner Sammlung
eine Anzahl ausgestopfter Vögel zu verkaufen.
Sechzehen Stück, aus allen sechs Classen der Vögel, verläßt er für sieben Rthlr. in Golde, oder
zwölf Gulden und 48 Kr. Liebhaber können das
Geld an uns frankirt einschicken: so wird ihnen
diese Sammlung, gut gepackt und mit Linneischen
Nahmen bezeichnet, zugeschickt werden. Schnepfenthal den 15ten Febr. 1793.

Die Erziehungsanstalt.

Zu der Vertheidigung der Rechte des Weibes,
von Ms. Wollstonecraft haben sich folgende
Liebhaber gemeldet:

Fr. Gräfin von Krockow in Krockow	6 Ex.
Madame Fedderfen in Flensburg	1 —
Madame Stuhr daselbst	1 —
Mad. Christiansen daselbst	1 —
Dem. Christiansen daselbst	1 —
Dem. Petersen daselbst	1 —
Herr Buchdr. Jäger daselbst	1 —
Mad. Wichmann in Celle	1 —

Herr

Herr Mag. Senz daselbst Ex.
Fräul. Wilhelmine, Vitzthum von Eckstedt in
 Schlesien 1 —
Fräulein Henriette Vitzthum von Eckstedt 1 —
Dem. Barth in Erfurt 1 —
Dem. Römpler daselbst 1 —
Mad. Stolz daselbst 1 —
Herr Doct. Born daselbst 1 —
Dem. Müller daselbst 1 —
Herr Ziegler daselbst 1 —
 — Wahren in Langensalz 1 —
Fr. Bürgerm. Weiß daselbst 1 —
Fr. Bürgerm. Schmalkalden daf. 1 —
Herr Cond. Stecher in Biberach 6 —
Dem. Berchelman zu Marburg 1 —
Dem. Mar. Hofmann in Nidda 1 —
Dem. Elise Hofmann in Niedermeckstedt 1 —
Herr Buchh. Heyer in Gießen 1 —
 — Sen. Schaumkessel in Heilbronn 7 —
 — Landkammerrath Riedel in Weimar 6 —
 — Conferenzrath von Heinrich in Koppen-
 hagen 1 —
Fr. Majorin v. Tettau in Weimar 1 —
Fr. Prinzessin Victorie zu Hessen-Philipps-
 thal 1 —

Summa 55 —

Der Bote aus Thüringen.

Neuntes Stück.

1793.

Fortsetzung von der Geschichte der Schildbürger.

Schade! daß der Sarg zu kleine war. Sie mochten Michelmannen legen, wie sie wollten: so pampelten die Füße immer über denselben heraus. Da war nun wieder guter Rath theuer. Nachdem sie die Sache hin und her überlegt hatten, fielen sie endlich darauf, dem Erblaßten die Schuhe auszuziehen, und, damit er doch am jüngsten Tage nicht barfuß laufen dürfe, sie neben ihn in den Sarg zu legen.

Das geschahe nun, und man schob ihm die Beine so hoch in die Höhe, daß die Knie beynahe an das Kinn stießen. Dabey giengen sie aber doch nicht behutsam genug zu Werke. Sie hatten die Schuhe so unbedachtsam in den Sarg gelegt, daß die Zunge von der einen Schnalle in die Höhe stund, und gerade unter Michelmanns Gesäß zu

Märj. 1793. J lie-

liegen kam. Da sie ihn nun recht zusammen-
drückten, damit sie den Sargdeckel auf ihn bringen könnten, druckten sie die Zunge der Schnalle
in Michelmanns Gesäß, welches diesem einen so
großen Schmerz verursachte, daß er laut zu
schreyen anfieng: Auweh!

Himmel! wie erschraken die Schildbürger, als
sie das Auweh! rufen höreten. Sie liefen fort,
über Hals und Kopf und keiner getrauete sich um-
zusehen. Erst am Ende der Gasse blieben die be-
herztesten stehen, um zu sehen, was aus dieser
Wundergeschichte werden würde.

Michelmann sperrete die Augen weit auf, wußte gar nicht, was das alles bedeuten sollte, stieg
endlich aus dem Sarge heraus und zog die Schnal-
lenzunge aus dem Gesäße, die mit dem Schuhe
daran hieng.

So wie er aus dem Sarge stieg, lief jedes in
sein Haus, und rammelte die Thür feste zu.

Der arme erschrockne Michelmann wankte nach
seinem Hause zu, pochte an, seine Frau lauschte
durch das Fenster. Kaum erblickte sie ihn aber:
so rammelte sie die Thür feste zu, fiel mit ihren
Kindern auf die Knie, und betete den Rosenkranz.
Jemehr Michelmann pochte und lamentirte, desto
stärker betete sie, bis dieser endlich die Thür ein-
trat, und von seinem Hause wieder Possession
nahm.

nahm. Da sprang die Frau, mit den Kindern zur Hinterthür hinaus, und kam nicht eher wieder, bis der Herr Pfarrer mitgieng und alles mit Weihwasser besprengte.

Die Schildbürger waren nun so glücklich, daß sie ganz frey waren, und jeder thun konnte, was ihm gut deuchte. Dabey befanden sie sich ganz wohl sechs Tage lang. Hernach fiel es diesem ein, zu seines Nachbars Frau zu gehen, wann der Mann nicht zu Hause war, dem andern die Tochter zu besuchen, wann die Eltern ausgegangen waren. Daraus entstund viel Streit und Zank. Da nun kein Richter da war, und kein Gesetz: so machten sie die Sachen immer unter einander selbst aus, schlugen einander die Fenster ein, und zogen einander bey den Haaren herum, und der Stärkste behielt allemal Recht.

Da nun Kochlöffel einmal bey so einem Rechtshandel tüchtige Schläge bekommen hatte: so trug er den nächsten Sonntag, als die Bürgerschaft aus der Kirche kam, die Sache vor, und that den Vorschlag, daß wieder ein neues Oberhaupt gewählt würde. Dadurch wurde die ganze Bürgerschaft erbittert, glaubte, er strebe nach der Oberherrschaft, und es fehlete nicht viel, so hätte er emigriren müssen, wie weyland Rübezahl. Bey dieser Gelegenheit setzten sie aber doch feste, daß

jeder,

jeder, wenn er einen Casus vorzutragen hätte, das Recht haben solle, in ganz Schilsburg herum zu gehen, an die Fenster zu pochen und die Gemeine zusammen zu berufen.

Dieses Rechts bedienten sich einige, und allemal kamen etliche Schildbürger zusammen. Die übrigen blieben aber weg, und sagten: es habe ihnen niemand etwas zu befehlen.

Einmal ließ auch Kochlöffel die Gemeine zusammen kommen, und trug darauf an, daß man doch bisweilen über das allgemeine Beste deliberiren solle. Die öffentlichen Gebäude geriethen in Verfall, alles gienge drunter und drüber. Er habe einen wichtigen Vortrag zu thun.

Zwey Fremde, die dabey zugegen waren, spitzten die Ohren, um zu vernehmen, was da zum Vorschein kommen würde. Der eine sagte: gieb Achtung, es wird auf die Errichtung einer Schule kommen; nein, sagte der andere, es wird auf die Reparirung des Rathhauses angetragen werden. Beyde wetteten um zwey Kopfstücke.

Kochlöffel that seinen Mund auf, beyde waren voller Erwartung, welcher von ihnen gewinnen würde — aber keiner von beyden gewann.

Kochlöffel sprach nämlich folgendermaßen: "Lieben Bürger, ehe wir eins in das andere reden:

den: so müssen wir vor allen Dingen unsere Gerechtigkeiten behaupten. Nun haben wir aber die Gerechtigkeit zu hängen: denn wir haben einen Galgen. Der Galgen wird baufällig, wenn einmal ein starker Sturm kömmt, so wirft er uns ihn um, und da ist es mit unserer Gerechtigkeit aus. Ich trage darauf an, daß man einen neuen Galgen errichten lasse."

Der Vorschlag gieng durch, jeder Schildbürger versprach dazu einen Beytrag zu geben. Nach vierzehn Tagen hatte Schildburg wirklich die Freude, einen neuen Galgen zu sehen.

Da nun die Bürgerschaft sich um den Galgen versammelte, sagte einer von ihnen: das ist wohl ganz gut, daß wir einen Galgen haben; wenn wir aber unsere Gerechtigkeit behaupten wollen: so müssen wir auch einen dran hängen. Bürger! ist denn keiner unter euch, der so viele Liebe zur Freyheit hätte, daß er sich aufhängen ließe? Es wollte sich aber niemand dazu verstehen.

Nachdem man die Sache hin und her überlegt hatte, wurde man endlich einig, folgendes in die Zeitung setzen zu lassen: „Da die Gemeine Schildburg, zur Behauptung ihrer Gerechtigkeit, einen Menschen nöthig habe, der sich hängen ließe: so würde hiermit jedermann, der dazu Lust hätte, ersucht, sich bald zu melden. Er solle 30 Gul. den baares Geld zur Belohnung bekommen, und von Fuß auf neu gekleidet werden."

Allein ob sie diese Anzeige gleich zweymal in die Zeitung setzen ließen: so fand sich doch niemand, der Lust bezeigt hätte, sich hängen zu lassen.

Da sie also keinen auswärtigen bekommen konnten: so nahmen sie einen von ihren eigenen Burschen, der in des Nachbars Garten eine Mütze voll Aepfel gestohlen hatte, und knüpften ihn auf; wobey die sämmtliche Bürgerschaft mit Hand anlegte.

Ißo fieng nun Schildburg an, die Früchte der Freyheit recht zu genießen. Da ihr Land einige Jahre nicht war bewohnet gewesen: so hatte es an allem Ueberfluß. Die Wälder waren dichte mit Holz bewachsen und mit Wilde angefüllt. Die Bäume waren voll Vögel, die die ganze Gegend mit ihrem Gesange erfüllten, und das Wasser wimmelte von Fischen. Das gab nun für unsere Schildbürger reiche Ernten. Statt daß sie sich mit dem beschwerlichen Ackerbau, und mit Treibung ihrer Professionen hätten abgeben sollen: so lernten sie schießen, putzten einen Hirsch, einen Rehbock, einen Hasen nach dem andern weg, fiengen Fische und Krebse, fiengen die Nachtigal-
len

len und Finken weg, und trugen sie in die Residenzstadt zum Verkaufe, fälleten Holz, und verkauften es, theils Klaftern weise an ihre Nachbaren, oder führten es auf Schubkarren zu Markte. So lebten sie alle Tage herrlich und in Freuden. Da Holzart seine älteste Tochter ausstattete; so richtete er eine Hochzeit aus, die sich gewaschen hatte. Da gab es Reh, und Hasenbraten, Fische und Krebse, und Wein die Menge, welchen er von einem Fuhrmanne bekommen hatte, für etliche Klaftern Holz die er ihm hatte zukommen lassen.

Sind wir nicht glücklich, sagte er, daß wir freye Leute sind! Itzo wischen wir es besser vom Maule, als wir es sonst an hohen Festtagen hatten. Nun ergriff er ein Glas Wein, und rief: es lebe die Freyheit! und alle Schildbürger riefen mit: es lebe die Freyheit! und tranken dazu, bis sie taumelten.

Es ist doch auf der Welt alles vergänglich. Auch diese Freude dauerte nicht lang. Nach etlichen Jahren nahm das Holz, das Wild, die Fische ab, und da noch ein Paar Jahre vorbey waren: so war alles aufgezehret. Die Berge stunden kahl, die Vögel waren weggewiesen, kein Wild war mehr zu sehen, und im Wasser wurde kein Fisch mehr gefangen, als bisweilen ein Rotzkoben.

Da-

Dadurch geriethen die Schildbürger in große Noth, zumal, da sie sich die Arbeit abgewöhnet hatten. Itzo hatte einer von Glück zu sagen, wenn er einen Schubkarren voll Holz zusammen stoppeln, zu Markte führen, und dafür etliche Brode kaufen konnte.

Die Bürgerschaft kam daher einmal zusammen und berathschlagte sich, was unter solchen Umständen wohl zu thun sey. Was wird zu thun seyn? sagte der Herr Pfarrer. Es ist Gottes Gerichte. Ich schlage vor: daß wir einen Buß-Fast- und Bettag halten und so den Zorn Gottes abzuwenden suchen.

(Die Fortsetzung folgt.)

Herr Hofrath Spazier in Berlin kündigt eine Sammlung von leichten Klavierliedern an. Man pränumerirt darauf mit sechzehn Groschen. Man kann sich mit der Pränumeration wenden, an den Herrn Musikdirektor Türk in Halle, an die neue Berlinische Musikhandlung in Berlin, und an die Erziehungsanstalt in Schnepfenthal.

Herr Prediger König zu Mühlhausen, hat wieder eine schöne Predigt: Ueber die Beschädigung junger Bäume, drucken lassen, die bey Herrn Müller, Buchdrucker in Mühlhausen, zu haben ist.

Der Bote aus Thüringen.

Zehntes Stück.

1793.

Fortsetzung von der Geschichte der Schildbürger.

Der Vorschlag wurde angenommen, und der nächste Freytag zum Buß- Fast- und Bettage bestimmt, in der Hoffnung daß sie das Holz, das Wild, und die Fische wieder herbey beten und singen wollten.

Die Fasten hielten sie, man muß es ihnen zum Ruhme nachsagen, recht genau, und kein einziger Schildbürger nahm einen Bissen Brod in den Mund, welches ihnen freylich nicht schwer fiel, da keiner einen Bissen im Hause hatte. In der Kirche sangen sie die Litaney knieend; dann zogen sie durch das Feld in Procession, um die Berge, Flüsse und Teiche herum.

Unterwegs ereignete sich der Casus, daß das Crucifir das sie herum trugen, weil der Träger stolperte und fiel, in zwey Stücke zerbrach,

Die Procession wurde dadurch unterbrochen und sie hätten beynahe unverrichteter Sache müssen nach Hause gehen, wenn nicht Kochlöffel zum grosen Glück auf einem nahen Berge drey Creuze entdeckt hätte.

Was bedenken wir uns lange, ihr Bürger? sagte er. Da oben ist ja ein ganz Nest voll Crucifixe. Ich will halt hinauf, und will eins holen.

So lauf! lauf! riefen die andern, und, wie der Wind lief er fort, und kam, ganz ausser Othem, auf dem Berge an. Da war nun der Heyland am Creuze, und zur rechten und linken Hand zwey Schächer abgebildet. Kochlöffel stund eine Minute lang und bedachte sich welchen von den dreyen er wählen sollte. Endlich entschloß er sich, den Schächer zur rechten Hand zu nehmen, gieng damit zur versammelten Gemeine, und die Procession wurde glücklich fortgesetzt und vollendet.

Sie that aber auch gute Wirkung. Denn da sie an den letzten Teich kam, war da schon alles lebendig. Auf allen Seiten plumpte etwas ins Wasser. Die Schildbürger freueten sich, stießen einander an, und einer sagte zum andern: siehst du da die Karpfen? die Procession hat doch etwas geholfen, nun können wir doch wieder ein

Stück

Stück Fisch in Ruhe essen. Ein Schildbürger wollte auch so gar bemerkt haben, daß während des Umgangs das Holz gewachsen sey. Ob er recht gesehen habe? das lasse ich dahin gestellt seyn; was aber die Thiere betrift, die im Wasser sich geregt hatten: so versicherte ein Fremder, welcher der Procession folgte, es wären nicht Karpfen, sondern Frösche gewesen.

Dieser Fremde war nun ein besonderer Mann. Andere Fremde, wenn sie nach Schildburg kamen, höhneten immer die Schildbürger. Wenn diese, ihrer Meynung nach, ihre Sache noch so gut eingerichtet hatten: so lachten sie doch darüber. Dieser aber bedauerte sie.

Da die Procession geendigt war, trat er unter sie, und hielt folgende Anrede:

„Lieben Schildbürger! ihr dauert mich: weil ich wohl sehe, daß ihr arme, betrogene Leute seyd. Ihr habt die Freyheit loben hören, und habt sie gesucht. Aber ich muß es euch sagen, daß ihr gar nicht recht verstanden habt, was eigentlich Freyheit sey. Freyheit von schweren Bedrückungen und Ungerechtigkeiten ist freylich eine schöne Sache. Habt ihr diese aber nicht bey eurem Fürsten gehabt? seyd ihr vielleicht von ihm gedruckt worden? hat er euch Unrecht gethan? hat er euch nicht zu eurem Rechte geholfen?

Dar-

Darüber, antwortete ein Schloßbürger, haben wir freylich keine Klage. Aber wir wollten frey seyn.

Fr. Wovon denn?

Sch. Wir wollen uns nicht mehr befehlen lassen.

Fr. So! also wollet ihr vermuthlich von Gesetzen frey seyn?

Sch. Ganz recht! wir wollen von keinen Gesetzen etwas wissen. Kurz und gut, es soll uns niemand etwas zu befehlen haben.

Fr. Ihr armen Leute! ich sehe wohl, daß ihr gar nicht versteht, was Freyheit sey. Freyheit besteht darinne, daß man nicht gedruckt wird. Von Gesetzen und Oberherren und Abgaben kann aber keine Gesellschaft frey seyn. Ihr habt ja freylich bisher keine Gesetze, keinen Oberherrn gehabt, habt auch nur Erbzinsen und Beyträge entrichtet, und geglaubt, dieß wären keine Abgaben. Aber ihr seht auch was dabey heraus kommt. Es geht bey euch alles drunter und drüber. Ihr seyd in die größte Armuth gerathen, und, wenn ihr nicht bald eine vernünftige Abänderung macht: so werdet ihr mit einander Bettler.

Sch. Ey Bettler hin, Bettler her. Wir haben auch betteln gelernt, und wollen lieber als freye Leute betteln, als bey vollen Schüsseln uns turbiren lassen.

Fr.

s. Fr. Nun wenn das eure Meynung ist: so bin ich auch zufrieden... Ich stehe unter einem Fürsten, und gehorche Gesetzen, und zahle Abgaben. Dabey habe ich mein gutes Auskommen, und thue was mir gefällt. Das Böse thue ich freylich nicht, aber wenn ich es thun wollte: so schadete ich mir ja selbst, und wäre ein Narr.

Lebt wohl lieben Leute!

Der Fremde war ein herzensguter, aber dabey ein sehr listiger Mann. Indem er nach Hause ritt, sann er sich etwas aus, was er für die Schildbürger thun wollte. Was das war, das wollen wir hören.

Er hatte einen Bedienten, der lange in seinen Diensten gewesen war, Nahmens Beyfuß. Dieser hatte ein Mädchen lieb, das bey einer andern Herrschaft in Diensten stund. Beyde hatten sich bey ihrem Dienste Geld gesammelt, und beyde hätten gern einander beyrathen mögen.

Da nun der fremde Herr, Krausemünze hieß er, nach Hause kam, ließ er seinen Bedienten und dessen Braut vor sich kommen, entdeckte ihnen, was er mit ihnen vorhätte, und sie waren damit zufrieden. Kurz und gut, sie gaben einander die Hände, und machten Hochzeit. Herr Krausemünze richtete die Hochzeit aus, und tanzte dabey nach Herzenslust.

K 3 Nach

Nach der Hochzeit legte das neue Ehepaar sein gesammeltes Geld zusammen, und Herr Krausemünze versprach, wenn sie sich ehrlich und redlich mit einander zu nähren suchten: so wollte er ihnen Geld vorschießen, und wenn es dreytausend Thaler wären.

Und nun fiengen sie an mit einander die Comödie zu spielen, wie folget.

Herr Beysuß gieng nach Schildburg, gab Kochlöffeln eine Kanne Bier, daß er die Gemeine zusammen rief, dann hielt er folgenden Vortrag:

"Lieben Schildbürger! ich bin ein Freund der Freyheit, und habe schon lange eine Gelegenheit gesucht, mich vom Gehorsam los zu machen. Nun höre ich, daß ihr freye Leute seyd, und bin deßwegen zu euch gereiset, daß ich euch fragen wollte, ob ihr mich nicht zum Mitbürger annehmen, und mir erlauben wollt, bey euch ein Haus zu bauen. Wollt ihr?"

Die Schildbürger stutzten, und sagten, der Casus ist uns nicht vorgekommen. Sie murmelten unter einander, dann trat einer hervor und sagte: Hör er! die Gemeine läßt ihm sagen, das Ding wäre ihr zu krause, und sie könnte sich schlechterdings zu nichts resolviren.

Ich will euch fuhr Herr Beysuß fort, bey meinem

nem Anzuge zwey Tonnen Bier geben, recht delikates — es ist wie Syrup.

Die Schildbürger, die lange kein Bier geschmeckt hatten, leckten die Mäuler, da sie vom Biere reden höreten, einer stieß den andern an und sagte: höre Bruder! ich dächte wir thäten es. Zwey Tonnen Bier sind keine Narrenspossen.

Sie traten darauf wieder zusammen und deliberirten mit einander, hernach trat Michelmann, den die Schildbürger unter sich aufgenommen hatten, nachdem er hinlänglich mit Weyhwasser war besprengt worden, hervor und sagte: hör er! die Gemeine läßt ihm sagen, daß sie ihn zum Bürger annehmen will. Aber zwey Tonnen Bier muß es uns geben. Hört ers?

Ja! Ja! sagte Herr Beyfuß, die sollt ihr gewiß haben.

Beyfuß ließ also ein artiges Haus, eine Scheuer und Stallung an einem Orte aufbauen, an dem die Landstraße vorbey gieng. Weil es da etwas zu verdienen gab, so lockte der Hunger die Schildbürger herbey, zur Arbeit. Wenn sie nun eine Zeitlang fleißig gewesen waren: so gab er ihnen einen Schmaus, der schmeckte den Schildbürgern, und sie konnten den Herrn Beyfuß nicht genug rühmen und loben. —

Sobald Herr Beyfuß mit seiner jungen Frau eingezogen war, und seine Wirthschaft eingerichtet hatte, fieng er an ein recht gutes Bier zu brauen, und die Fuhrleute und Reisenden sprachen ihm so fleißig zu, daß ihm allemals ein Faß sauer wurde.

(Die Fortsetzung folgt.)

Anekdote.

Ein Candidat wurde über die Worte der Bibel examiniret: Lasset uns Uebels thun, auf daß Gutes daraus komme! und befragt, ob er nicht ein Exempel von etwas Uebeln wisse, das die Menschen thäten, damit etwas Gutes daraus komme. O ja! gab dieser zur Antwort, wenn man eine Zahlenlotterie zum Besten des Waisenhauses errichtet.

Das ohnlängst in diesem Blate angekündigte Buch: "Unterhaltendes Historienbuch für Bürger und Bauersleute" ist nun fertig: und kostet 9 gr. sächs. Diejenigen, die noch bis Ostern 6 gr. sächs. franco einsenden, erhalten es noch bis dahin um den Pränumerations-Preis.

Die Erziehungsanstalt.

Der Bote aus Thüringen.

Elftes Stück.

1793.

Bote. Wirth.

W. Heute, Herr Gevatter! erzähle er mir nur nichts von den Schildbürgern!

B. Und warum denn nicht?

W. Weil niemand mehr etwas davon hören will. Erzähle ich die Geschichte meinen Biergästen: so lachen zwar etliche drüber, andere aber, und gerade die Vernünftigsten, sprechen, das wäre ja lauter dummes Zeug. Kommen nun gar Fremde hierher, die das Blättchen lesen, das er drucken läßt: da sollte er nur hören, was die Leute für Mäuler haben. Da kam gestern ein Schulze zu mir, und holte sein Blättchen ab — las es, und schmiß es ärgerlich auf den Tisch. Ich weiß nicht, sagte er, was aus dem Boten itzo wird. Sonst erzählte er uns so viel Vernünftiges und Gutes, itzo — nichts als dummes Zeug. Glaubt denn der Mann, daß wir Breter

vor den Köpfen haben, und solch dummes Zeug
glauben sollen? Ich glaube, der Mann ist von
jemanden bestochen, daß er uns in die vorige
Dummheit wieder zurück führen soll.

B. Das hat man wirklich gesagt?

W. So wahr ich ein ehrlicher Mann bin.

B. Nun das ist mir doch recht herzlich lieb.

W. Lieb wäre es ihm? ich weiß gar nicht,
was ich von ihm denken soll. Jeder vernünftige
Mensch wünscht doch, daß man Gutes von ihm
rede. Und er sagt mir nun, es wäre ihm lieb,
daß die Leute von ihm sagten, er habe, seit dem
neuen Jahre, fast nichts als dummes Zeug erzählt. Wie soll ich das zusammen reimen?

B. Das will ich ihm erklären. Ich wollte
meine Leser nur auf die Probe stellen, ob ihnen
das dumme Zeug gefiele. Nun, da ich merke,
daß sie lieber etwas Vernünftiges hören, will ich
ihnen von Herzen gern nichts erzählen, als solche
Sachen, wodurch sie zum Nachdenken gereizt werden und für ihren gesunden Menschenverstand
Nahrung bekommen.

W. Das soll mir lieb seyn. Mir kommt's
aber doch so vor, als wenn er noch eine andere
Ursache dazu müsse gehabt haben, daß er so schrecklich dummes Zeug erzählt hat, das nicht einmal
das kleinste Kind glaubt.

B. Es

B. Es kann auch seyn. Ich bin seit einiger Zeit gewaltig verdrüßlich gewesen. Bisher hatte ich meine Freude daran, wann ich sahe und hörete, wie die Menschen immer verständiger wurden, immer mehr nachdenken lernten, einen Irrthum, einen Aberglauben, nach dem andern ablegten, und eine gute löbliche Gewohnheit nach der andern annahmen; kurz wie die Aufklärung sich immer weiter verbreitete. Ich dachte die goldne Zeit wäre schon vor der Thüre, nun sehe ich aber, daß ich mich betrogen habe. Es reißt ja in Deutschland eine Verwirrung wieder ein, wie bey dem Thurm zu Babel, und wenn das Ding so fortgeht: so sind wir in kurzer Zeit wieder so weit zurück, als unsere Vorfahren vor zwey hundert Jahren.

W. Ich versteh ihn nicht recht, Herr Gevatter!

B. Da will ich es ihm etwas näher legen. Vor zwey hundert Jahren war es noch Mode, daß die Menschen einander wegen der Religion haßten und verfolgten. Keine Parthey trauete der andern über den Weg. Wenn eine im Lande die Oberhand hatte: so suchte sie die andere zu unterdrucken, ließ diejenigen, die nicht ihres Glaubens waren, hinsetzen, oder wohl gar hinrichten. Das war doch wohl Barbarey?

W. Ey

W. Ey das wollte ich meynen. Ich weiß aber immer noch nicht, wo er hinaus will.

B. Er soll es bald hören. Diese barbarische Mode hatte sich nun nach und nach verlohren. Unsere Schriftsteller haben so dagegen geeifert, die Prediger sind so duldsam geworden, alle verständige Fürsten haben den Religionszwang so aufgehoben, daß izo jedermann glauben kann was er will, ohne daß ihm ein Haar deswegen gekrümmt wird.

W. Nun das dächte ich, wäre auch noch. Es ist bey mir gar vielmals der Fall, daß Lutheraner, Reformirte, Katholiken, auch wohl Juden, hier zusammen sitzen, ihre Pfeife Tabak mit einander rauchen, und discuriren, ohne daß es einem nur einfiele, einen Religionsstreit anzufangen. Unser Herr Pfarrer ist so ein herzensguter Mann! Nicht ein einzigesmal bringt er Religionsstreitigkeiten auf die Kanzel. Immer ermahnt er uns zur Liebe, Eintracht, zur Rechtschaffenheit gegen alle Glaubensgenossen.

B. Das ist ja vortreflich. Nun hätte man meynen sollen, daß einmal die Menschen ganz aufhören würden, sich in Partheyen zu theilen, die einander haßten und verfolgten. Und siehe da! da geht der Guckguck von neuem los. Von Religionsstreit und Religionsbedruckung hört man wohl

wohl wenig mehr, aber desto mehr von andern Streitigkeiten. Hat er noch nichts von Aristokraten und von Demokraten gehört?

B. Ich werde ja davon gehört haben. Selten steigen Passagiere bey mir ab, die nicht davon sprächen, und wenn ich ihm die Wahrheit sagen soll: so hört man auch schon in unserm Dorfe von Aristokraten und Demokraten reden.

B. Da sieht er es ja! da man glaubte, daß nun eine recht herzliche allgemeine Liebe unter die Menschen kommen sollte: so entsteht wieder eine Trennung die fürchterlich ist. Hausgenossen, Gemeinen, Städte, Länder theilen sich in zwey Partheyen, Aristokraten und Demokraten. Anfänglich hielt ich die Sache nur für Spas. Ich dachte es würde etwa nicht mehr zu bedeuten haben, als die kleinen Neckereyen, die im siebenjährigen Kriege bisweilen, zwischen den Preussisch- und Oestreichischgesinnten, vorfielen. Aber nein, die Sache geht immer weiter. Die Partheyen werden immer erbitterter gegen einander, keine trauet der andern, jede haßt die andere, und wenn das Ding so fortgeht, so können wir in unserm lieben Vaterlande noch Vorfälle erleben, die so abscheulich sind, als alle die Barbareyen, die in den vorigen finstern Zeiten begangen wurden.

Da komme ich vorige Woche zu meinem Herrn

Gevatter Wagner, da er eben mit seiner Frau zu Tische sitzt. Sie hatten einen delicaten Kapaun vor sich stehen, und keins aß doch einen Bissen davon, jedes hatte seinen Teller zurück geschoben, und warf Blicke auf das andere, wie wenn es sogleich mit den Augen sollte durchstochen werden. Hum dachte ich, was giebts denn da?

Ich wünsche ihnen gesegnete Mahlzeit, beyderseits, sagte ich. Und die Leute, die sonst so artig und höflich gegen mich waren, dankten mir kaum. Frau! sagte der Mann, räume gleich ab! ich kann keinen Bissen mehr essen. Da räumte die Frau ab, machte aber mit den Löffeln und Tellern so einen Spektakel, daß mir angst und bange wurde.

Ich wollte mich nicht erkundigen, was es da gäbe, erfuhr es aber bald. Was hält er denn davon, fragte er mich, daß die Brabanter ihren Adel verjagen sollen? Ehe ich aber die Antwort heraus hatte, fieng er gar schrecklich an gegen seine Frau loszuziehen, nannte sie eine Aristokratin, die keinen Sinn, kein Gefühl für Freyheit hätte. Ehe ich mich versahe, kam die Frau Gevatterin zur Thür herein gefahren, und auf ihren Mann los. Halts Maul! sagte sie, du wirst ja wohl noch verwirrt im Kopfe werden. Alle Ungerechtigkeiten, alle Grausamkeiten heißt du gut.

Hier,

Hier, dachte ich, ists nicht gut seyn, nahm meinen Hut und Stock und schlich mich zum Hause hinaus. Da mich hernach der Weg vor der Kirche vorbey trug, gieng ich hinein, um einmal den Herrn Diakonus Ypsilon predigen zu hören. Ich wußte gar nicht wie mir der Mann vorkam. Sonsten war er ein so herzensguter Mann, daß er nichts als Liebe und Sanftmuth predigte. Izo war er so roth wie ein Zinshahn, schlug auf die Kanzel und ereiferte, und geberdete sich, und sprach von Tyranney, Unterdruckung und Freyheit und dergleichen Dingen mehr, daß ich gar nicht wußte, was ich daraus machen sollte. Ich fragte meinen Stuhlnachbar, was denn das bedeuten solle? Hum! antwortete dieser, es ist fast nicht mehr zum Aushalten in unserer Kirche. Wir haben ein Paar rechtschaffene und vernünftige Prediger, die zehen Jahre, wie Brüder bey einander lebeten. Seitdem aber die französische Revolution eingetreten ist, ist sie ihnen in die Köpfe gefahren. Der Herr Pfarrer ist ein Aristokrat und der Herr Diakonus ein Demokrat geworden. Jener predigt nichts als Gehorsam, dieser nichts als Freyheit. Sonst war es so hübsch, da besuchten sie die Leute in ihrer Gemeine, gaben ihnen guten Rath in ihrer Kinderzucht, und suchten Friede zu stiften, wo Uneinigkeit war.

Izo

Itzo denken sie daran nicht mehr, sondern suchen nur immer mehrere zu ihrer Parthey anzuwerben.

―――――――――――

Der Herr Cantor und Musikdirector, Tag, zu Hohenstein im Schönburgtschen, der sich schon durch Componirung mehrerer Lieder rühmlichst bekannt gemacht hat, hat wieder eine Sammlung von Liedern zur Beruhigung, von Matthison und Bürde herausgegeben, welche 12 Gr. in Golde kosten; ingleichen eine neue Melodie zu dem Liede: Wir glauben all an einen Gott, welche 2 Gr. kostet. Das Geld, welches er dafür einnimmt, hat er zur Unterstützung der Wittwe und der Kinder seines verstorbenen Bruders bestimmt. Die bekannte Gabe des Herrn Musikdirectors Tag, durch seine Melodien das Herz zu sanften Empfindungen zu stimmen und die edele Absicht des Unternehmens, empfehlen diese Lieder sehr. Wer in unserer Nähe sie zu besitzen wünscht, der kann das Geld dafür an uns einschicken: so wollen wir eine Anzahl davon kommen lassen. Es muß dieß aber noch in diesem Monate geschehen, damit durch Verschreibung einzelner Exemplare unsere Mühe nicht ohne Noth vervielfältiget werde. Wer weit von uns wohnt, kann sich an den Herrn Musikdirector selbst, oder an die Breitkopfische Buchhandlung zu Leipzig wenden. Schnepfenthal den 8. März 1793.

Die Erziehungsanstalt.

Der Bote aus Thüringen

Zwölftes Stück.

1793.

Bote. Wirth.

W. Wie gieng es denn weiter mit dem Streite zwischen den Aristokraten und Demokraten?

B. Vorige Woche, sagte der Mann, neben dem ich in der Kirche stund, reichte der Herr Diakonus meiner Frau das Abendmahl. Kaum hatte er gesagt: „der Nahme des Herrn sey gelobet und gebenedeyet": so drehete er sich nach mir zu und sagte: weiß er schon, daß die Lüttcher die französische Constitution angenommen haben? Nach dem Exempel der Geistlichen richtet sich die Gemeine, und es ist nun schon so weit gekommen, daß sie in zwey Partheyen getheilt ist, die täglich Zank und Streit mit einander haben." Den folgenden Tag trug ich ein Rescript von der Regierung in das nächste Amt.

Da ich vor die Amtsstube kam, mußte ich wohl eine halbe Stunde warten, ehe ich vorgelassen wurde.

wurde. Es waren da wohl zwanzig Bauern, die auch warten mußten, und die ihre Rechtshändel unterdessen' unter sich selbst ausmachten, so, daß es einen heftigen Wortwechsel gab, woraus beynahe eine Schlägerey entstanden wäre. Ich kriegte das Ding endlich satt, ließ in die Amtsstube sagen, daß ich recht sehr um meine Abfertigung bitten ließe: weil ich noch weiter gehen müßte. Da wurde ich endlich vorgelassen. Und weiß er wohl, was der Herr Amtmann und der Herr Amtsschreiber thaten? Sie hatten die Hamburger Zeitung vor sich und stritten sich über den Freyheitsbaum, den einige Maynzer errichtet hatten. Der Herr Amtmann war ein Aristokrat und der Herr Amtsschreiber ein Demokrat.

Ist denn das nun nicht betrübt, daß auf einmal solche Trennungen unter Leuten entstehen, die sonst sehr vernünftig sind, und immer einig und verträglich bey einander lebten?

W. Das ist freylich nicht gut. Sag er mir aber nur, was ist denn eigentlich ein Aristokrat und ein Demokrat?

B. Ein Aristokrat ist der, der es mit dem Adel gegen das Volk hält, und ein Demokrat der auf der Seite des Volks gegen den Adel steht.

W. So! So! nun verstehe ichs recht. Ich dachte ein Aristokrat wäre ein solcher, der es mit,

der

den Deutschen; und ein Demokrat, der es mit den Franzosen hielt. Da sprechen nun die Leute er wäre auch ein Aristokrat.

B. Mit solchen Ehrentiteln verschone er mich Herr Gevatter! ich dächte, ich hätte es genug gezeigt, wie herzlich gut ich es mit dem Volke meyne. Wir haben hier schon so manches Gespräch gehalten; und worüber denn? Ists nicht wahr, immer über Materien, die das Beste des Volks betrafen? Habe ich nicht alles gethan, was ich konnte, um die Leute dahin zu bringen, daß sie nachdenken lernten? und wenn der Mensch nachdenken kann: so weiß er sich gewiß fast aus allem Druck und aus aller Widerwärtigkeit zu helfen. Ist das wahr, oder ist es nicht wahr?

W. Wahr ists freylich. Und also ist er ein Demokrat?

B. Auch nicht.

W. Ja was ist er denn sonst?

B. Was ich vor fünf Jahren war, da der gemeine Mann die Worte Aristokrat und Demokrat noch nicht gehöret hatte. Ein ehrlicher Mann bin ich, der es mit der ganzen Welt gut meynt. Mein Herr Vetter, mit dem ich einmal über diese Materie discurirte, gab mir den Rath, ich sollte mich einen Philanthropen nennen.

W. Habe

W. Habe ich doch das Wort in meinem Leben nicht gehört. Was heißt denn das?

B. Es bedeutet einen Freund der Menschen; einen Mann, der es mit allen Menschen gut meynt, sie mögen zum Adel oder zum Volke gehören, Christen, Juden oder Türken, seyn. Gefällt ihm denn dieser Nahme nicht besser, als jene beyden?

W. Ey das wollte ich meynen! Ein Philanthrop ist er also. Und da ist er nicht auf der Seite der Leute, die den Adel abgeschafft wissen wollen?

B. Was heißt denn das, den Adel abschaffen? Da wird so viel geschwatzt, von Abschaffung des Adels, und wenn man fragt, was das heiße, den Adel abschaffen? so weiß kein Mensch eine rechte Antwort drauf zu geben. Wir wollen einmal darüber nachdenken, Herr Gevatter, wollen als Philanthropen, die Sache überlegen: da wird er sehen, daß es unser gesunder Menschenverstand gleich sagt, was von Aufhebung des Adels zu halten sey. Sollen wir die Personen wegschaffen die adelich sind? sollen wir sie aus dem Lande jagen, oder köpfen und tod stechen?

W. Gott im Himmel bewahre uns vor so einer abscheulichen That!

B. Sieht er! daß ihm sein gesunder Menschen-

schnurstracks gleich die Antwort giebt? Wir entsetzen uns, wenn wir hören, wie ehemals die Reformirten in Frankreich gedruckt und verfolgt wurden, wie die Salzburger ihre lutherischen Landsleute verjagt haben. Ist denn das nicht eben so barbarisch, wenn man den Adel behandeln will, wie in jenen finstern Zeiten die Protestanten behandelt wurden? Was wollen wir denn sonst wegschaffen, die Adelsbriefe und die Wappen?

W. Der Meynung war ein Passagier, der vorige Woche bey mir speisete.

B. Gut. Und wenn wir die Wappen und Adelsbriefe wegschaffen wollen: so müssen wir sie doch erst haben, und wenn wir sie haben wollen: so müssen wir sie nehmen; und wenn wir sie nehmen wollen: so müssen wir in die Häuser des Adels einbrechen, Thüren, Schränke und Kisten aufschlagen. Was meynt er dazu?

W. Schweige er mir stille! Dazu habe ich auch keine Ohren. Da würde ja das Faustrecht wieder eingeführt.

B. Ich bin auch der Meynung. Was wollen wir denn sonst wegschaffen? etwa die Güter des Adels?

W. Da muß ich ihm nun aufrichtig sagen, daß gar viele Leute der Meynung sind, es sey nicht recht, und nicht erlaubt, daß der Adel so große

M 3   Güter

Güter habe, daß er keine Abgaben gäbe, und noch dazu verlangte, daß die Bauern ihm frohnen sollten. Da meynen fie, das solle und müsse weg.

B. Nun wenn es weg soll und weg muß, so kann ich freylich nichts dagegen sagen. Lasse er uns aber nicht alles in eine Brühe werfen. Er hat von dreyerley geredet, von Gütern, von Freyheiten und von Frohndiensten. Das sind, wie er wohl weiß, drey ganz verschiedene Sachen. Wir wollen eine nach der andern vornehmen. Er meynt also, wir sollten dem Adel seine großen Güter nehmen?

W. Ja ich sollte meynen das wäre nicht mehr als billig.

B. Und warum?

W. Weils doch nicht recht und erlaubt ist, daß ein Mensch, der gemeiniglich nichts thut, alles hat, und andere, die vom Morgen bis in die Nacht arbeiten müssen, daß ihnen das Blut unter den Nägeln hervorspringen möchte, für sich und die Ihrigen kaum das liebe Brod haben.

B. Deßwegen also? Ich kenne ein Paar Kaufleute in der Stadt, davon jeder ein Paar Tonnen Goldes besitzt. Die thun auch wenig oder nichts; leben alle Tage herrlich und in Freuden, und ein Paar Hundert Bürger sind so arm, daß sie

ſie mit aller ihrer Arbeit kaum ihr und ihrer Kin⸗
der Leben erhalten können. Das iſt nun nicht
recht und nicht billig, und es wäre alſo das Beſte,
daß wir ſie auch ein Bischen kleiner machten, ihre
vielen Güter ihnen abnähmen, und ſie unter das
arme Volk austheilten. Was meynt er dazu
Herr Gevatter?

W. Dazu kann ich doch auch meine Einwilli⸗
gung nicht geben. Auf dieſe Art fiele ja alle Si⸗
cherheit weg.

B. Wirklich? gehört denn aber der Adel
nicht ſo gut zu den Menſchen, als der Kaufmann?
warum ſoll denn dieſer bey ſeinen Gütern nicht
auch geſchützt werden?

W. Nun wenn ich das auch zugebe, und gebe
es zu, daß man dem Adel ſeine Güter läßt: ſo iſt
doch gegen alle Billigkeit, daß er keine Abgaben
zahlt, und der arme, arbeitſame, Bürger und
Landmann die Laſt der Abgaben allein tragen muß.

B. Es war einmal ein Mann, der hatte ein
Gärtchen, das er recht artig zurechte gemacht
hatte. Er war nicht vergnügter, als wenn er in
ſeinem Gärtchen herumging und ſahe wie alles
ſo ſchön wuchs, was er geſäet oder gepflanzet
hatte. Einen Verdruß hatte er nur — ſein
Nachbar hatte dicht an dem Garten ein Haus,
davon die Dachtraufe in den Garten fiel, und
aus deſſen Fenſtern er alles überſehen konnte, was

in

in dem Garten vorgenommen wurde. Darüber ärgerte sich der Mann nun gewaltig, und sagte, es wäre gegen alles Recht und alle Billigkeit, daß er diese Dachtraufe dulden, und seinen Nachbar immer in den Garten sehen lasse müsse. Er kam zu mir, klagte mir sein Leid, und fragte, was ich ihm für einen Rath gäbe? War denn das Haus, fragte ich ihn, schon da, da du den Garten kauftest?

M. Allerdings.

J. Das ist nun freylich eine bedenkliche Sache. Wenn es erst neuerlich wäre gebauet worden: so hättest du dagegen protestiren können. Da es nun aber einmal da ist: so kann ich dir keinen andern Rath geben, als diesen — kauf dem Nachbar sein Haus ab!

M. Das thut er nicht.

J. So verkauf den Garten!

M. Das will ich nicht.

J. So steck ihm das Haus an!

M. Gott im Himmel bewahre mich vor so einer Schandthat! Da wäre ich ja ein Mordbrenner.

J. Nun da kann ich dir keinen andern Rath geben, als diesen — hab Geduld! was man schlechterdings durch keine erlaubten Mittel ändern kann, das muß man mit Gelassenheit tragen.

Vom aufrichtigen Kalendermann ist wieder eine neue vermehrte Auflage erschienen. Das Stück kostet in der Erziehungsanstalt zu Schnepfenthal 4 Groschen gut Geld.

Der Bote aus Thüringen.

Dreyzehntes Stück.

1793.

Bote. Wirth.

W. Ich habe über das Geschichtchen, welches er mir zulezt erzählte, hin und her nachgedacht, ich weiß aber noch immer nicht recht, was er damit haben will.

B. Und ich dächte doch es wäre sehr leicht zu verstehen. Das Haus, das jenem so nahe an den Garten gebauet war, war ihm zur Last, und uns ists auch zur Last, daß wir die Abgaben allein tragen müssen, und der Adel davon frey ist. Jener Bewohner des Hauses war aber nun einmal im Besitz, und der Adel ist mit seinen Freyheiten auch im Besitz. Was sollen wir nun thun? entweder wir müssen dem Adel seine Güter abkaufen; das thut er nicht. Oder wir müssen unsere Güter verkaufen und wegziehen, das wollen wir nicht; oder wir müssen durch Gewaltthätigkeit dem Adel seine Freyheiten entreissen, das läßt das Gewissen

sen eines ehrlichen Mannes nicht zu. Weiß er
ein anderes Mittel anzugeben?

W. Wenn er keins weiß, wie will ich es denn
wissen?

B. Da sieht er es also, daß, wenn wir als
vernünftige und rechtschaffne Leute han=
deln wollen, wir vor der Hand kein Mittel zu
Aufhebung der adelichen Freyheiten angeben kön=
nen. Folglich müssen wir uns halt dabey be=
ruhigen.

Ich bin von jeher der Meynnug gewesen:
wenn mich etwas drückt: so schleiche ich hin, und
schleiche her, denke hin und denke her, bis ich ein
erlaubtes Mittel finde, mir den Druck vom
Halse zu schaffen. Kann ich aber schlechterdings
mit allem meinem Nachdenken kein erlaubtes
Mittel herausbringen; bleibt mir kein anderer
Weg übrig, als dieser, daß ich unerlaubte
Mittel brauche, oder, welches einerley ist, daß
ich als ein schlechter Kerl handele: dann
scheide ich von der Sache, und dulde lieber et=
was, und suche lieber von einer andern Seite
mir zu helfen. Hat er mich verstanden?

W. Recht gut.

B. Hat er etwas dagegen einzuwenden?

W. Er hat alles so handgreiflich gemacht, daß
ich gar nicht weiß, was ich darauf antworten
sollte.

follte. Aber es ist nun noch ein Pünktchen übrig, das sind die Frohndienste. Diese wird er doch wohl nicht gut heissen?

B. Gut und nicht gut, nachdem man es nimmt. Erst will ich ihm wieder ein Geschichtchen erzählen. Es war einmal ein reicher Mann, der hatte so viel Geld, daß er nicht wußte, was er damit anfangen sollte. Was that er? Er liehe es auf Interessen aus, und ließ sich davon 5 pro Cent zahlen. Er starb, und die Leute starben auch, denen er das Geld geborgt hatte. Die Interessen aber blieben. Die Erben der Schuldner mußten sie immer fort an die Erben des Schuldherrn zahlen. Nach hundert Jahren kriegten die Schuldner das Ding satt, und sagten: wozu sollen wir alle Jahre das viele Geld zahlen? wie kommen wir dazu? Kurz und gut, wir zahlen keine Interessen mehr. War denn das Recht, Herr Gevatter?

W. Es kommt alles drauf an, ob sie die Grundstücke noch besaßen, welche für das Capital verpfändet waren.

B. Die hatten sie alle noch.

W. Da mußten sie auch die Interessen fortgeben. Wir sprechen aber nicht von Interessen Herr Gevatter! sondern von Frohndiensten. Zwi-

schen

schen Interessen und Frohndiensten ist aber doch wohl ein großer Unterschied.

B. Es ist ein Unterschied, aber nicht so groß, als er glaubt. Die Vorfahren des Adels gaben den Vorfahren der Bauern Aecker und Häuser, und verlangten von ihnen, statt der Interessen, Frohndienste, und die Bauern giengen es ein. Nun sind jene gestorben, und diese sind gestorben. Die Interessen gehen aber fort. Will man itzo gerade zu die Frohndienste aufkündigen: so kommt es mir gerade so vor, als wenn man die Interessen nicht mehr geben wollte.

W. Es will mir aber immer nicht recht in den Kopf. Frohndienste sind doch eine gar lästige Sache. Man büßt dabey alle Freyheit ein. Wenn man sich vorgenommen hat, dieß oder jenes zu thun: paus! da wird man zur Frohne geboten, und muß alle seine Geschäffte liegen lassen. Ist denn das auch recht?

B. Lieber Herr Gevatter! ich frohne nicht, und lasse mir auch, wie er wohl weiß, nicht frohnen. Ich kann also ganz unpartheyisch von der Sache reden. Eine sehr lästige Sache sind sie, das habe ich nie geleugnet und werde es nie leugnen.

W. Nun da habe ich doch Recht!

B. In diesem Puncte da gebe ich es ihm zu. Was ist aber bey der Sache zu thun?

W. Ich

W. Ich weiß schon, was er sagen wird. Er wird einmal zum Nachdenken rathen. Wenn er weiter nichts weiß: so kommt er mit dem Nachdenken.

B. Wahr ist es. Das Nachdenken ist aber von jeher mir und andern Leuten so nützlich gewesen, daß ich noch immer dazu rathen muß.

W. Da mache er doch einmal die Probe! denke er doch darüber nach, wie man die Frohndienste los werden kann!

B. Darüber brauche ich gar nicht nachzudenken, ich habe es schon längst gethan.

W. Was hat er denn mit seinem Nachdenken heraus gebracht?

B. Ein Mittelchen, die Frohndienste los zu werden.

W. Da bin ich doch curios es zu hören.

B. Es ist meine Schuldigkeit, es ihm zu sagen. Es ist dieses: man muß dem Gutsherrn vorstellen, wie viel der arme Bauer bey den Frohndiensten leidet, und wie wenig der Gutsherr dabey gewinnt. Dann muß man ihn bitten, daß er doch die Frohndienste in eine Abgabe in Geld verwandeln möge.

W. Es läßt sich recht artig zuhören. Wenn es aber der Gutsherr nicht thut? wie denn da?

B. Das wird nicht leicht der Fall seyn. Ich kenne

kenne selbst verschiedene Edelleute, die ganz freywillig ihren Bauern die Frohndienste erlassen, und sie in eine Abgabe in Gelde verwandelt haben: weil sie fanden, daß sie dabey mehr gewonnen.

W. So denken aber nicht alle Edelleute. Wenn nun einer so eine Bitte nicht annähme: was soll man da thun?

B. Warten, bis sein Sohn ihm nachfolgt.

W. Und wenn nun dieser eben so denkt, wie sein Vater? wie da?

B. Wie da? Wie da? dem Edelmanne die Grundstücke zurückgeben, auf denen die Frohndienste ruhn.

W. Hole der Guckguck seinen guten Rath! was wollen wir denn anfangen, wenn wir die Grundstücke abgeben? wovon sollen wir denn leben?

B. Da ist weiter nichts zu thun, als — man muß Geduld haben, und durch Fleiß wieder beyzubringen suchen, was man durch Frohndienste versäumet hat.

W. Unsere Bauern haben dazu keine Ohren. Viele sind der Meynung, man müsse dem Gutsherrn geradezu die Frohndienste aufkündigen.

B. Die guten Leute bedaure ich; und auf die
bin

bin ich böse, die ihnen so etwas in die Köpfe gesetzt haben, und sie damit ins größte Unglück stürzen.

W. Wie denn so?

B. Wenn sie ruhig fort arbeiten: so genießen sie von ihrem Edelmanne Schutz, und wenn dieser ein wirklich edeler Mann ist: so sucht er auch ihre Umstände immer mehr zu verbessern, ihre Schulen immer besser einzurichten, und sorgt überhaupt für sie, wie ein Hausvater für seine Familie zu sorgen pflegt.

Zu der, von Herrn GutsMuths angekündigten, Anweisung zu gymnastischen Uebungen haben sich bisher folgende Liebhaber gemeldet:

Frau von Münchhausen in Leizkau	1 Ex.
Herr Regierungspräsident v. Trosky in Lüben	1 —
Herr Justizcommissar. Lange in Nordhausen	1 —
Der durchl. Erbprinz, Carl Friedrich, zu Weimar	1 —
Ein Ungenannter daselbst	1 —
Herr Hoffmann, Buchhändler zu Hamburg	1 —
— Rittmeister von Schwerzel in Willingshausen	1 —
— Dan. Girtanner in St. Gallen	1 —
— Cand. Frölich in Rundhof	10 —

Herr

Herr Prof. Eck in Leipzig	6 —
— Graf von Schlabrendorf in Stolz	1 —
— Kaufmann Gräser in Langensalz	1 —
— Bened. Respinger in Basel	1 —
Der Herr Landgraf Adolph zu Hessen-Philippsthal	2 —
Herr Kammerrath Reinhard zu Erfurt	1 —
Mad. Weiß in Langensalz	1 —
Herr D. Jani in Gera	1 —
— Bertels in Flensburg	1 —
Fr. Bürgerm. Weiß in Langensalz	1 —
Herr Graf Mittrowsky in Biestritz	1 —
— Prediger Hozzel zu Philippsthal	1 —
— Prediger Stolterfoht in Lübeck	10 —
— Schlimmbach, Erzieher zu Schwarzensee	10 —
— Prediger von Gehren in Koppenhagen	4 —
— Cand. Touton in Monjoye	12 —
— Hofm. Matheides in Rothenkirchen	1 —
— Hofm. Kühnreich zu Wetzhausen	7 —
— Kammersecr. Streit in Breslau	4 —
— Cand. Heinemeier in Jena	1 —
Summa	85 —

Auf dieses wichtige Buch kann noch bis zu Johannistag mit 2 Rthlr. in Golde pränumerirt werden. Man kann das Geld franco einschicken an

die Erziehungsanstalt zu Schnepfenthal.

www.ingramcontent.com/pod-product-compliance
Lightning Source LLC
Chambersburg PA
CBHW031404160426
43196CB00007B/895